互联网营销系列丛书

# 新媒体运营
## 完全操作手册

叶龙 主编

清华大学出版社
北京

## 内 容 简 介

本书由经验丰富的新媒体运营与营销老师编写，采用循序渐进的讲解方式，详细介绍了各种新媒体平台运营的实战方法和技巧，应有尽有，让读者通过本书了解新媒体运营玩法，快速把握新媒体运营奥秘，实现行业转型、商业突破、内容变现！

本书包括16章专题讲解，30个实战操作，80个行业案例，从软文撰写、图片设计、推文引流、爆款打造、视频营销、视觉营销、口碑营销、数据分析、用户导流、促活留存以及变现，一本书让您更深入地了解新媒体运营！

本书结构清晰，拥有一套完整、详细、实战性强的新媒体营销体系，适合新媒体行业从业者、新媒体领域创业者、各公司负责新媒体营销的工作人员、新媒体运营的个人、新媒体公司的管理者、专业的网络推手阅读，也适合用作新媒体公司或部门的培训教材。

本书封面贴有清华大学出版社防伪标签，无标签者不得销售。
版权所有，侵权必究。举报：010-62782989，beiqinquan@tup.tsinghua.edu.cn。

**图书在版编目（CIP）数据**

新媒体运营完全操作手册 / 叶龙主编．—北京：清华大学出版社，2019（2022.1重印）
（互联网营销系列丛书）
ISBN 978-7-302-53400-6

Ⅰ．①新… Ⅱ．①叶… Ⅲ．①传播媒介—运营管理—手册 Ⅳ．①G206.2-62

中国版本图书馆CIP数据核字（2019）第178611号

责任编辑：杨作梅
装帧设计：杨玉兰
责任校对：周剑云
责任印制：丛怀宇

出版发行：清华大学出版社
网　　址：http://www.tup.com.cn, http://www.wqbook.com
地　　址：北京清华大学学研大厦A座　　邮　编：100084
社 总 机：010-62770175　　　　　　　　邮　购：010-62786544
投稿与读者服务：010-62776969, c-service@tup.tsinghua.edu.cn
质量反馈：010-62772015, zhiliang@tup.tsinghua.edu.cn

印 装 者：涿州汇美亿浓印刷有限公司
经　　销：全国新华书店
开　　本：170mm×240mm　　印　张：16.25　　字　数：256千字
版　　次：2019年9月第1版　　　印　次：2022年1月第3次印刷
定　　价：69.80元

产品编号：076730-01

# 前言

## ■ 写作驱动

互联网的快速发展将新媒体运营带入一个兴盛的时期，运营者只要是拥有优质内容的个人或企业微信公众号，就有可能获得千万粉丝的关注，有了粉丝，就有商业变现的可能，通过对平台数据进行详细的分析，可以对运营者运营微信公众平台提供更为精准的运营方法，从而创造出更优秀的内容。

只要是从事营销工作的人，就能够利用互联网或者移动互联网进行新媒体营销，也就能够通过新媒体创造出价值。有些人说新媒体营销没效果，其实是他缺少新媒体运营的技巧。在未来的十年中，无论哪个行业、哪个领域，无论是PC端还是移动端、无论是金融业还是房地产业，都离不开新媒体。

本书是一本以新媒体为核心，以新媒体运营为根本出发点的专著，以图解的方式深度剖析新媒体的特点、技巧、策略、模式、作用等。特别是包含了众多的新媒体案例，系统地向读者讲解如何有效地进行新媒体平台的运营，从简单操作到轻松玩转各大新媒体平台。

## ■ 特别提示

书中的截图，都是作者基于当时实际操作界面产生的，但书籍从编写到出版需要一段时间，相关网站、公众号和App的界面是有可能更新和变化的，包括大家以后再进入平台时，可能还会有变化，这没有关系，大家只要参考书中介绍的操作方法，并结合平台的提示信息，找到对应的菜单和选项，逐步操作即可。

## ■ 本书内容

本书共分为16章，涉及多个热门的新媒体平台运营，涵盖多个新媒体平台运营的技巧方法。

第 1～3 章：专业讲解了注册多个新媒体平台、提升账号形象、玩转账号后台设置、组建新媒体运营团队、掌握策划工具、掌握场景应用、掌握图片处理工具、掌握内容编辑工具、掌握 H5 编辑工具、掌握二维码的草料平台应用等内容。

第 4～7 章：专业讲解了爆款标题的取名技巧、爆款文案内容构思技巧、文章的开头结尾技巧、关键词搜索排名优化、美图制作技巧、图文排版技巧、新媒体美工广告设计、公众号运营技巧、朋友圈运营技巧、小程序运营技巧等内容。

第 8～12 章：专业讲解了如何运营头条号、优化内容提高文章点击率、掌握推广机制提高推荐量、掌握微博社交媒体平台、掌握新媒体平台引流技巧、打造直播平台名流 IP、使用抖音短视频、掌握视觉营销技巧、打造良好口碑等内容。

第 13～16 章：专业讲解了微信后台数据分析、各平台热点和指数数据分析、运营者必会的导流方法、提升用户留存率、提升用户的活跃度、通过客服提升关注度和成交量、掌握新媒体变现的盈利方式、学习新媒体平台的变现案例等内容。

## 特色亮点

本书的特色亮点主要有以下几点：

（1）案例为主，纯粹干货。全书通过 80 多个精彩案例展示，从新媒体运营的各个角度，全方位解析，帮助新媒体从业人员从新手快速成为互联网营销的行家里手！

（2）操作性强，实战营销。全书通过实战案例操作过程的详解，让读者不仅学会每一个技能知识点的操作，还帮助读者学以致用，一步步走进新媒体运营领域！

（3）营销高手，经验丰富。本书作者从事新媒体运营、微信公众号运营多年，深谙新媒体平台运营的各种玩转之道，特别是在吸粉导流、营销等方面，更是经验丰富！

（4）原创内容，独家放送。书中许多内容是笔者深度研究新媒体运营后，原创提炼出来的内容，在同类书中均没出现过，可谓"人无我有，人有我优"！

（5）实战心得，亲身体验。书中的每一个知识点都是作者亲自总结的干货技巧，水分少，含金量很大，一字一图都是亲写亲截，是一本匠心之作！

## ■ 作者信息

本书由叶龙主编,参与编写的人员还有刘嫔、刘胜璋、刘向东、刘松异、刘伟、卢博、周旭阳、袁淑敏、谭中阳、杨端阳、李四华、王力建、柏承能、刘桂花、柏松、谭贤、谭俊杰、徐茜、苏高、柏慧等人,在此表示感谢。由于作者知识水平有限,书中难免有疏漏之处,恳请广大读者批评、指正,交流与沟通。

编 者

# 目录

## 第 1 章 入门：账号管理开启流量运营第一步 ........... 1

1.1 快速注册多个新媒体平台 ............... 2
    1.1.1 注册微信公众号 ..................... 2
    1.1.2 注册今日头条号 ..................... 5
    1.1.3 注册一点资讯号 ..................... 6
    1.1.4 注册简书平台 ......................... 8
    1.1.5 注册搜狐平台 ......................... 9
    1.1.6 注册百度百家 ....................... 10
    1.1.7 注册知乎平台 ....................... 11
1.2 大幅度地提升账号形象 ............... 12
    1.2.1 更换头像让用户一眼吸睛 ........................... 13
    1.2.2 修改名称方便记忆和搜索 ........................... 13
    1.2.3 自我介绍使用户初步了解账号 ........................... 15
    1.2.4 引爆流量的图片水印技巧 ........................... 16
    1.2.5 绑定手机轻松完成众多操作 ........................... 17
1.3 轻松玩转账号后台设置 ............... 17
    1.3.1 通过管理留言/评论对话用户 ........................... 17
    1.3.2 按标签区分用户便于管理 ........................... 18
    1.3.3 自动回复帮助及时暖心互动 ........................... 19
    1.3.4 原创声明功能管理转载内容 ........................... 20

## 第 2 章 组建：团队携手共筑良好运营基础 ............ 23

2.1 运营团队组建的基础构架 ............ 24
    2.1.1 组建运营团队前的准备 ..... 24
    2.1.2 齐心协力搭建运营结构 ..... 27
2.2 运营人员的选择是核心关键 ........ 29
    2.2.1 团队运营离不开大局思维 ........................... 30
    2.2.2 成员需具备好的文案能力 ........................... 30
    2.2.3 辅助运营需要不断地提升关联技能 ........................... 31
2.3 运营岗位职责需仔细划分 ............ 32
    2.3.1 运营需要具备一定的技能 ........................... 32
    2.3.2 广告投放获取更多的流量 ........................... 34
    2.3.3 平台推广之 App 的开发 ..... 34
    2.3.4 内容生产打造优质营销文案 ........................... 35
    2.3.5 线上商铺平台运营体系建设 ........................... 36
    2.3.6 社群运营所需的必备技能 .. 38

## 第 3 章 工具：运营者必会的各种编辑技能 ............ 39

3.1 优秀文案必备的策划工具 ............ 40
    3.1.1 第一范文网提供实用性资料 ........................... 40

## 目录

- 3.1.2 爱墨日记轻松做好文案采集 ... 40
- 3.1.3 最常用的办公工具Office软件 ... 41
- 3.2 提升双方互动的策划工具 ... 42
  - 3.2.1 LiveApp展示场景应用 ... 42
  - 3.2.2 易企秀DIY手机网页 ... 42
- 3.3 美化文案图片的处理工具 ... 43
  - 3.3.1 截图工具 ... 43
  - 3.3.2 美图秀秀 ... 44
  - 3.3.3 Photoshop ... 45
- 3.4 视频音频的内容编辑工具 ... 45
  - 3.4.1 Camtasia Studio ... 46
  - 3.4.2 巧影App ... 46
  - 3.4.3 手机音频编辑器 ... 47
- 3.5 吸粉引流的H5编辑工具 ... 47
  - 3.5.1 极具创意的百度H5平台 ... 48
  - 3.5.2 堪比Photoshop的iH5设计工具 ... 49
- 3.6 方便快捷的其他平台工具 ... 51
  - 3.6.1 满足个性化设计需求的Epub360 ... 52
  - 3.6.2 一键生成个性二维码的草料平台 ... 52

## 第4章 内容：软文标题与正文的撰写技巧 ... 53

- 4.1 爆款标题取名有讲究 ... 54
  - 4.1.1 热词型标题 ... 54
  - 4.1.2 借势型标题 ... 54
  - 4.1.3 数字型标题 ... 56
  - 4.1.4 提问型标题 ... 56
  - 4.1.5 语言型标题 ... 57
  - 4.1.6 告知型标题 ... 57
- 4.2 爆款文案内容构思技巧 ... 58
  - 4.2.1 挖掘行业内幕引发读者探究 ... 58
  - 4.2.2 运用逆向思维反其道而行之 ... 58
  - 4.2.3 借助故事切入，摆脱文章乏味 ... 59
  - 4.2.4 巧妙互相拆台，增添文章趣味性 ... 59
- 4.3 文章的开头、结尾技巧 ... 59
  - 4.3.1 4种必备的开头撰写要素 ... 59
  - 4.3.2 激发联想，产生强烈阅读欲望 ... 60
  - 4.3.3 平铺直叙，突出文章本身的吸引力 ... 60
  - 4.3.4 首尾呼应，给读者留下深刻印象 ... 60
  - 4.3.5 号召用户，让读者产生共鸣 ... 60
- 4.4 关键词搜索，排名优化 ... 61
  - 4.4.1 百度指数：研究关键词的技巧 ... 61
  - 4.4.2 预测关键词：两招学会预测关键词 ... 62
  - 4.4.3 应对技巧：关键词排名下降如何应对 ... 64

## 第5章 排版：快速提升版面视觉引爆阅读 ... 67

- 5.1 吸引用户的美图制作技巧 ... 68
  - 5.1.1 研究图片颜色搭配的学问 ... 68

## 目录

　　5.1.2　保证图片尺寸，做好高清
　　　　　选择 68
　　5.1.3　两大方面关注单图与
　　　　　多图 70
　　5.1.4　两种方法积极给图片
　　　　　"化妆" 71
　　5.1.5　长图文宣传和推广新品
　　　　　更有效 72
5.2　优化图文排版，引爆阅读流量 72
　　5.2.1　挑选合适大小的字号 72
　　5.2.2　字体加粗更显瞩目 73
　　5.2.3　字体颜色和谐搭配 74
　　5.2.4　文字间距无须紧凑 75
　　5.2.5　添加超链接提供内容 76
　　5.2.6　添加多彩背景色 77
　　5.2.7　斜体说明突出细微 78
　　5.2.8　分隔线突出关键 79
　　5.2.9　保存并群发推文 79

## 第 6 章　设计：极具创意的新媒体美工广告 81

6.1　新媒体美工的设计原则 82
　　6.1.1　对称与均衡 82
　　6.1.2　节奏与韵律 83
　　6.1.3　对比与调和 84
　　6.1.4　重复与交错 85
　　6.1.5　虚实与留白 85
　　6.1.6　图片布局处理 85
6.2　新媒体美工广告设计 87
　　6.2.1　封面图的设计 87
　　6.2.2　信息长图的设计 92
　　6.2.3　九宫格图片设计 94
　　6.2.4　海报图片的设计 96
　　6.2.5　Logo 标志的设计 99

## 第 7 章　运营：百万流量打造顶级微信平台 103

7.1　公众号运营让你轻松引爆粉丝流量 104
　　7.1.1　3 个准备，让内容更
　　　　　丰富 104
　　7.1.2　5 个技巧，让内容称
　　　　　"王" 105
　　7.1.3　用关键词占领流量入口 106
　　7.1.4　公众号搜索排名的优化 107
7.2　朋友圈运营的 5 个软文发布
　　技巧 108
　　7.2.1　要结合热点来撰写 108
　　7.2.2　九宫格图片最受欢迎 109
　　7.2.3　利用位置抓住营销优势 110
　　7.2.4　巧妙晒好评，让用户
　　　　　心动 111
　　7.2.5　增加信息的人情味 112
7.3　小程序运营为用户提供便捷
　　服务 112
　　7.3.1　关联公众号形成流量
　　　　　循环 112
　　7.3.2　设置福利，让用户自发
　　　　　宣传 114
　　7.3.3　借助市场便利，拓宽
　　　　　流量入口 114
　　7.3.4　提供实用性功能，赢得
　　　　　用户青睐 115

## 第 8 章　技巧：打造今日头条的全攻略运营 117

8.1　手把手教你如何运营头条号 118

# 目录

- 8.1.1 登录头条号的流程 ……… 118
- 8.1.2 头条号的发文步骤 ……… 118
- 8.1.3 申请原创标签权益多 ……… 119
- 8.1.4 抓住智能推荐引擎机制 … 120

8.2 优化内容提高文章点击率 ……… 121
- 8.2.1 数字标题探索文章深层意义 ……… 121
- 8.2.2 疑问标题强调文章中心主题 ……… 122
- 8.2.3 增强图片代入感让封面人情化 ……… 124
- 8.2.4 包装文章封面吸引用户注意力 ……… 124
- 8.2.5 巧用封面真实再现生活场景 ……… 125

8.3 掌握推广机制提高推荐量 ……… 126
- 8.3.1 大数据实现精准化推广 … 126
- 8.3.2 好口碑实现快速自发推广 ……… 127
- 8.3.3 3种途径增加用户认知度 ……… 128
- 8.3.4 两个方法增加额外曝光度 ……… 130

## 第9章 平台：构建新媒体推文引流矩阵 ……… 131

9.1 八面玲珑的微博社交媒体平台 … 132
- 9.1.1 长期坚持更新保持活跃度 ……… 132
- 9.1.2 主动出击提高回访关注度 ……… 132
- 9.1.3 评论转发引起潜在用户注意 ……… 132
- 9.1.4 用好话题提高阅读和浏览量 ……… 132
- 9.1.5 用@符号带动更多粉丝关注 ……… 133

9.2 7个重量级新媒体平台引流推荐 ……… 133
- 9.2.1 知乎：话题性高，推动传播和推广 ……… 133
- 9.2.2 一点资讯：实现个性化新闻订阅 ……… 137
- 9.2.3 搜狐平台：三大资源引入独特优势 ……… 138
- 9.2.4 网易平台：自家品牌依托有保障 ……… 138
- 9.2.5 QQ平台：庞大流量便于轻松涨粉 ……… 140
- 9.2.6 简书平台：写作阅读一体式体验 ……… 141
- 9.2.7 百度百家：最具影响力的原创平台 ……… 141

## 第10章 视频：优质内容打造爆款IP品牌 ……… 143

10.1 亿万人气打造直播平台名流IP ……… 144
- 10.1.1 斗鱼：创新模式为在线教育带来新机 ……… 144
- 10.1.2 虎牙：专攻游戏直播打造独家赛事 ……… 145
- 10.1.3 熊猫：全方面部署战略抢占一席之地 ……… 145
- 10.1.4 映客：关注用户需求开启全民直播时代 ……… 148

10.1.5 腾讯：用直播打通体育产业细分链条 ................. 149
10.2 吸引千万用户关注的抖音短视频 ................. 149
　10.2.1 便捷设置账号有利于吸睛导粉 ................. 150
　10.2.2 熟悉拍摄方式助力平台运营 ................. 151
　10.2.3 轻松获取视频素材的4种途径 ................. 154
　10.2.4 积极借势平台活动引流涨粉 ................. 155
10.3 多种优质的原创视频平台集锦 ................. 155
　10.3.1 快手：接地气的"草根"集合地 ................. 155
　10.3.2 优酷：开放多元的青春娱乐平台 ................. 156
　10.3.3 乐视：资源众多的综艺影视平台 ................. 157
　10.3.4 爱奇艺：悦享品质注重体验的平台 ................. 157
　10.3.5 火山小视频：15秒原创生活社区 ................. 158

## 第 11 章　视觉：超高颜值的内容营销方案 ......... 159

11.1 全方位了解视觉营销 ................. 160
　11.1.1 元素设计满足视觉感受 ................. 160
　11.1.2 图文并茂展现视觉说服力 ................. 161
　11.1.3 灵活掌握消费者购物心理 ................. 162
　11.1.4 视觉内容有价值、易消化 ................. 163
　11.1.5 图片形式展现营销理念 ................. 164
11.2 7种视觉营销必会技巧 ................. 165
　11.2.1 品牌Logo就是无形资产 ................. 165
　11.2.2 品牌色彩是一个品牌的主色调 ................. 167
　11.2.3 全方位统一刻画产品专属印象 ................. 168
　11.2.4 构建店铺结构，轻松找到需求商品 ................. 168
　11.2.5 首页巧妙布局，提供便捷商品展示 ................. 169
　11.2.6 将商品更加美观地陈列给顾客 ................. 170
　11.2.7 如何提炼出绝佳的产品视觉创意 ................. 172

## 第 12 章　推广：打造良好口碑抢占用户市场 ......... 173

12.1 打造口碑轻松获取如潮好评 ................. 174
　12.1.1 树立口碑，打响企业品牌 ................. 174
　12.1.2 满足用户需求，提供优质体验 ................. 175
　12.1.3 粉丝口碑是良好的基石 ................. 176
　12.1.4 赢得信任，助力扩大市场 ................. 178
12.2 打造产品轻松占有目标市场 ................. 179
　12.2.1 产品定位打造口碑营销 ................. 179

# 目录

- 12.2.2 巧妙沟通获取用户好感 ..................180
- 12.2.3 精确定位使产品拥有核心精神 ..............181
- 12.2.4 利用同行比衬为产品宣传 ..................182
- 12.2.5 细分市场寻找产品切入点 ..................183
- 12.3 完善售后是树立口碑的关键 ..184
  - 12.3.1 主动负责缓解消费者情绪 ................184
  - 12.3.2 主动沟通了解消费诉求 ..................185
  - 12.3.3 认真倾听使工作更顺利 ..................186
  - 12.3.4 及时回复留下良好印象 ..................187

## 第 13 章 优化：通过数据分析获取更多用户 ........189

- 13.1 微信后台数据推助平台运营 ..190
  - 13.1.1 分析图文数据阅读率 ....190
  - 13.1.2 分析单篇图文转化率 ....194
  - 13.1.3 分析用户增长数据 ......196
  - 13.1.4 分析用户消息数据 ......198
- 13.2 各平台热点和指数数据分析 ..199
  - 13.2.1 查看新榜平台微信日榜排行 ............200
  - 13.2.2 查看今日头条媒体排行 ................201
  - 13.2.3 查看清博平台微博号排行 ..............201
  - 13.2.4 查看新浪新闻中心每周排行 ............202
  - 13.2.5 查看搜索风云榜今日热点排行 ..........203
  - 13.2.6 查看搜狐网评日点击排行 ..............204

## 第 14 章 导流：多种吸粉技巧解决转化难题 ........205

- 14.1 了解新媒体的粉丝经济 ......206
  - 14.1.1 粉丝在新媒体时代的表现 ..............206
  - 14.1.2 粉丝转化的作用和影响 ................206
- 14.2 运营者必会的导流方法 ......206
  - 14.2.1 结尾放置介绍法 ........207
  - 14.2.2 图文内容求关注引流法 ................208
  - 14.2.3 与广告推荐方合作法 ....208
  - 14.2.4 留言答疑解惑导流粉丝 ................209
  - 14.2.5 利用二维码引导粉丝关注 ..............209
  - 14.2.6 利用朋友圈获取人气 ....210
  - 14.2.7 H5 显著提升软文效果 ....211
  - 14.2.8 活动策划免费福利赠送 ................212
  - 14.2.9 通讯录转化引流导粉 ....213
  - 14.2.10 开展网络征稿大赛 ....213

## 第 15 章 留存：促活用户实现平台长远发展 ........215

- 15.1 提升用户留存率，降低运营成本 ....................216

- 15.1.1 产品质量决定购物体验...................216
- 15.1.2 从用户需求出发解决问题...................217
- 15.1.3 设置奖励机制，推动运营发展...................218
- 15.1.4 优质内容运营，增强品牌黏性...................219
- 15.1.5 5个角度沟通，降低运营损失...................220
- 15.1.6 追踪用户感受，减少不如意体验...................221
- 15.2 多种方式提升用户的活跃度......221
  - 15.2.1 5种活动方式快速促活...221
  - 15.2.2 制订物质激励机制巧妙促活...................222
  - 15.2.3 低成本的精神奖励促活...................223
  - 15.2.4 直接信息通知活跃用户关系...................223
  - 15.2.5 福利差异提升用户活跃度...................225
- 15.3 通过客服提升关注度和成交量...................226
  - 15.3.1 客服人员要保持热情主动...................226
  - 15.3.2 揣摩顾客喜好推荐合适产品...................227
  - 15.3.3 积极沟通打消顾客疑虑...................228
  - 15.3.4 尽量满足顾客的合理要求...................229
  - 15.3.5 展示诚意赢得顾客信任...................230

## 第16章 获利：让用户主动付费的变现方式...........233

- 16.1 新媒体变现的7种盈利方式......234
  - 16.1.1 运营变现1：电商合作...................234
  - 16.1.2 运营变现2：平台分成...................234
  - 16.1.3 广告变现1：流量广告...................235
  - 16.1.4 广告变现2：浮窗Logo...................236
  - 16.1.5 广告变现3：视频广告...................236
  - 16.1.6 内容变现1：在线教学...................238
  - 16.1.7 内容变现2：点赞打赏...................239
- 16.2 各个新媒体平台的变现案例......241
  - 16.2.1 百家号：广告分成+原生广告+赞赏...................241
  - 16.2.2 今日头条：典型而多样的盈利方式...................242
  - 16.2.3 一点资讯：图文获利的"点金计划"...................243
  - 16.2.4 网易号：持续输出文章提高账号星级...................243
  - 16.2.5 大鱼号：打通土豆、优酷和UC后台...................245
  - 16.2.6 腾讯视频：平台分成根据内容领域而定...................245
  - 16.2.7 哔哩哔哩：垂直领域的粉丝投币打赏...................246

# 第 1 章

## 入门：账号管理开启流量运营第一步

学前提示

移动互联网的发展，让新媒体应运而生，随着持久火爆的趋势，让越来越多的个人、企业加入，同时也让各大行业纷纷转身，利用新的媒体平台来提升自身的行业竞争力。

本章主要对各大主流新媒体平台的注册、账号设置和后台管理进行相关介绍。

要点展示

▶ 快速注册多个新媒体平台
▶ 大幅度地提升账号形象
▶ 轻松玩转账号后台设置

## 1.1 快速注册多个新媒体平台

伴随着新媒体运营大时代的到来，想要进行各平台新媒体的运营，就需要从账户注册开始，下面简单介绍常见的主流新媒体平台的注册流程。

### 1.1.1 注册微信公众号

伴随着自明星、网红的兴起，自媒体已成大势所趋，个人如果想开始新媒体的运营，可以在微信公众平台上创建个人主体的订阅号，下面具体介绍个人主体订阅号的注册流程。

**步骤 01** 进入微信公众平台官网默认页面，❶点击页面右上角的"立即注册"按钮，如图 1-1 所示，操作完成之后，进入"注册"页面，选择需要注册的账号类型，点击对应类型的按钮；在此，❷笔者点击"订阅号"按钮，如图 1-2 所示。

图 1-1 微信公众号官网默认页面

图 1-2 "注册"页面

**步骤 02** 执行上一步操作后，进入"基本信息"页面，在"邮箱"一栏中，❶输入邮箱；❷点击后方的"激活邮箱"按钮，如图 1-3 所示；弹出"发送邮件"对话框，在"验证码"一栏中，❸输入下方显示的验证码；❹点击下方的"发送邮件"按钮，如图 1-4 所示。

图 1-3 "基本信息"页面

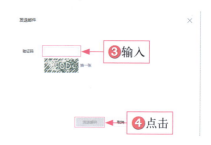

图 1-4 "发送邮件"对话框

步骤 03 执行上一步操作后，进入 QQ 邮箱，打开微信团队发送过来的邮件，记住或者复制邮件中的验证码，如图 1-5 所示。返回"基本信息"页面，❶输入邮箱验证码、密码、确认密码等信息；❷选中"我同意并遵守《微信公众平台服务协议》"复选框；❸点击下方的"注册"按钮，如图 1-6 所示。

图 1-5 打开微信团队发送过来的邮件　　图 1-6 "基本信息"页面

步骤 04 执行上一步操作后，进入"选择类型"页面，在该页面上可以选择企业注册地，在此，❶设置为默认的企业注册地；❷点击下方的"确定"按钮，如图 1-7 所示，进入相应页面，在这个页面共有订阅号、服务号、企业号 3 种类型账号；❸在此笔者选择"订阅号"类型，如图 1-8 所示。

图 1-7 "选择类型"页面　　图 1-8 选择"订阅号"类型

步骤 05 执行上一步操作后，弹出"温馨提示"对话框，认真查看对话框中的内容，确认无误之后，点击下方的"确定"按钮，如图 1-9 所示。

图 1-9 "温馨提示"对话框

**步骤 06** 执行上一步操作后,进入"用户信息登记"页面,在该页面上可以选择注册订阅号的主体类型。在此,❶笔者选择"个人"选项;执行该操作后,在下方将显示这一主体类型的信息登记页面;❷在该页面上填写和设置好相关信息;❸点击"继续"按钮,如图 1-10 所示。

图 1-10 "用户信息登记"页面

**步骤 07** 执行上一步操作后,弹出"提示"对话框,仔细检查对话框中的内容,确认无误后点击下方的"确定"按钮,如图 1-11 所示。进入"公众号信息"页面,❶在该页面中输入"账号名称"和"功能介绍";❷选择运营地区;❸点击下方的"确定"按钮,如图 1-12 所示。

图 1-11 "提示"对话框　　　　图 1-12 "公众号信息"页面

步骤 08 完成上述操作后，弹出"提示"对话框，显示"信息提交成功"字样，然后点击"前往微信公众平台"按钮，如图1-13所示，即可进入刚注册的微信公众平台后台，此时，表示个人类型的订阅号已经注册成功。

图1-13 "提示"对话框

## 1.1.2 注册今日头条号

"信息创造价值"是今日头条平台的广告语，作为一款个性化推荐引擎软件，今日头条能够为平台的用户提供最有价值的信息。本节将以企业类型头条号为例，介绍其具体的注册流程。

步骤 01 进入头条号平台，❶点击"注册"按钮，如图1-14所示，即可进入"注册"页面，在此选择使用手机注册；❷输入注册的手机号、图片验证码和获取的验证码；❸点击"注册"按钮，如图1-15所示。

图1-14 点击"注册"按钮

图1-15 输入信息并点击"注册"按钮

步骤 02 执行上一步操作后，进入"选择类型"页面，❶点击"机构"类型下方的"选择"按钮，如图1-16所示，进入机构类型头条号的分类页面；❷点击"企业"类型头条号下方的"选择"按钮，如图1-17所示。

图 1-16　选择"机构"类型头条号

图 1-17　选择"企业"类型头条号

步骤 03　执行上一步操作后,即可进入"入驻资料"页面,如图1-18所示,在该页面运营者需要将之前准备好的资料填写、上传到相应的地方;运营者将上述信息填写、上传完之后,❶只要选中"请同意《头条号注册用户协议》"和"请同意《今日头条移动端数据推广服务协议》"两个复选框;❷然后点击"提交"按钮,即可完成注册。

步骤 04　执行上述操作后,即可完成企业类型的头条号注册,此时运营者即可在平台上发送文章了。

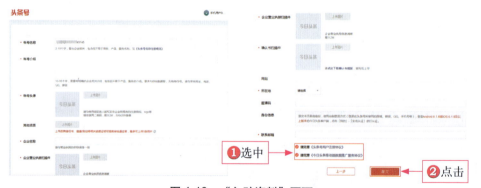
图 1-18　"入驻资料"页面

## 1.1.3　注册一点资讯号

一点资讯平台也是一个有着大流量的平台,它主要有24个类别的资讯频道,用户可以看见各个领域的最新资讯,大大满足了各种用户阅读的兴趣爱好。下面介绍注册一点资讯号的操作流程。

步骤 01　进入一点资讯的官网,❶点击"入驻"按钮,如图1-19所示,进入"账号注册"页面，运营者可以通过"手机注册"和"邮箱注册"两种方式注册；在此，❷笔者选择"邮箱注册"方式；进入相应页面，❸输入邮箱、密码、确认密码和验证码等信息；❹点击"注册"按钮，如图 1-20 所示。

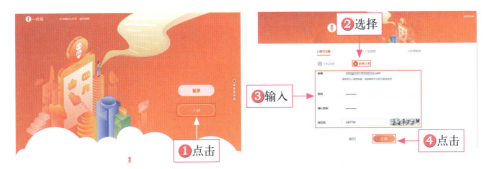

图 1-19  点击"入驻"按钮　　　　　图 1-20  "邮箱注册"页面

步骤 02　执行上一步操作后，进入相应页面，❶点击"登录邮箱激活"按钮，如图 1-21 所示；跳转至相应邮箱页面，打开邮件，❷点击"立即确认邮箱"按钮，如图 1-22 所示。

图 1-21  点击"登录邮箱激活"按钮　　图 1-22  点击"立即确认邮箱"按钮

步骤 03　执行上一步操作后，返回一点资讯号官网，进入"入驻类型"页面，在该页面上显示了 5 种类型的一点号，在此，❶选择"个人媒体"选项；❷点击"下一步"按钮，如图 1-23 所示。

图 1-23 "入驻类型"页面

**步骤 04** 执行上述操作后，进入"详细信息"页面，如图 1-24 所示，运营者应根据页面提示，结合自己的实际情况，输入媒体信息、运营者信息和补充信息等账号信息，❶选中"同意并遵守《一点自媒体平台用户协议》"复选框；❷点击"提交"按钮，即可完成个人媒体类型的一点资讯号的注册。

图 1-24 "详细信息"页面

## 1.1.4 注册简书平台

简书平台是一款结合了写作和阅读于一体的社交型互联网产品，同时也是一个基于内容分享的社区。在推文引流方面有自己独特的优势，下面介绍注册简书平台的具体操作步骤。

运营者进入简书平台首页，如图1-25所示，❶点击右上角的"注册"按钮；进入"注册"页面，如图1-26所示；❷在相应位置输入昵称、手机号、密码和收到的手机验证码；❸点击"注册"按钮，即可完成注册。

图1-25　点击"注册"按钮

图1-26　"注册"页面

## 1.1.5　注册搜狐平台

搜狐公众平台不是搜狐新闻，而是搜狐门户下一个融合搜狐网、手机搜狐、搜狐新闻客户端三大资源于一体的一个新媒体平台。下面介绍注册个人类型搜狐号的相关操作步骤。

**步骤 01**　进入搜狐公众平台官网，点击右上角的"立即注册"按钮，进入"注册账号"页面，❶根据提示输入相关信息；❷选中"同意《搜狐注册协议》"复选框；❸点击"立即注册"按钮，如图1-27所示；进入"选择类型"页面，❹点击"个人"类型下方的"申请入驻"按钮，如图1-28所示。

图1-27　"注册账号"页面

图1-28　"选择类型"页面

**步骤 02**　执行上一步操作后进入"填写资料"页面，如图1-29所示，进行搜狐号信息登记和主体信息登记，❶选中"同意《搜狐号服务协议》"复选框；❷点击"提交"按钮，即可完成个人类型搜狐号的注册申请。

图 1-29 "填写资料"页面

## 1.1.6 注册百度百家

百度是由每天 2.5 亿次访问所构筑起来的商务交易平台，每天有超过 6000 万人次访问百度或查询信息，是使用量最大的中文搜索引擎，也是网民最常使用的中文搜索引擎。而百度百家作为百度平台里最好的新媒体平台之一，运营者必须好好利用。下面介绍注册百家号的相关操作步骤。

步骤 01　运营者进入百家号官网，❶点击"注册"按钮，如图 1-30 所示；进入"登录注册"页面，❷输入用户名、手机号、密码和获取的验证码等信息；❸选中"阅读并接受《百度用户协议》及《百度隐私权保护声明》"复选框；❹点击"注册"按钮，如图 1-31 所示。

图 1-30　点击"注册"按钮

图 1-31　"登录注册"页面

步骤 02　执行上一步操作后，进入"选择类型"页面，如图 1-32 所示，在该页面上显示了"个人""媒体""企业""政府"和"其它组织"5 种类型。在此，❶笔者选择点击"个人"类型下方的"选择"按钮；❷在选择前选中"我已阅读并同意百家号平台服务协议、内容联盟交易平台注册协议及ManPower万宝盛华服务协议"复选框。

图1-32 "选择类型"页面

步骤 03 执行上述操作后，进入"填写资料"页面，输入百家号信息和运营者信息；信息填写完整后，点击"提交"按钮，如图1-33所示。执行操作后，百家号平台会提示"注册成功，审核成功后运营者会收到短信提醒"并自动跳转到百家号作者平台。

图1-33 "填写资料"页面

## 1.1.7 注册知乎平台

问答平台是网络营销中常用到的一种平台类型，最具代表性的有百度知道和腾讯SOSO，而知乎作为问答平台中最有知识社交性的平台，建议运营者把知乎加入到新媒体运营中。运营者在进行知乎平台的运营和推广之前，首先还是需要进行知乎平台的注册，下面介绍申请注册知乎平台的相关操作步骤。

步骤 01　运营者进入知乎平台官网，❶点击页面右侧的"注册"按钮，如图1-34所示；随后弹出相应页面，❷输入手机号和获取的验证码；❸点击"注册"按钮，如图1-35所示。

图1-34　点击"注册"按钮　　　　图1-35　"注册"页面

步骤 02　执行上一步操作后，跳转到"设置用户名和密码"页面，❶输入用户名和密码；❷点击"进入知乎"按钮，如图1-36所示；进入"你的职业或专业是什么？"页面，❸输入相应职业或专业；❹点击"完成"按钮，如图1-37所示。

图1-36　设置用户名和密码　　　　图1-37　"你的职业或专业是什么？"页面

步骤 03　执行上述操作后，进入"你想关注哪些话题？"页面，选择需要关注的话题。运营者关注的话题与首页的推荐内容相关联，因此，选择前请慎重思考。

## 1.2　大幅度地提升账号形象

在大多数新媒体平台上，如果运营者对目前的账号设置不满意，可以进入相应平台的后台进行修改和完善。下面介绍账号管理相关的内容，以便提升自身账号形象。

## 1.2.1 更换头像让用户一眼吸睛

说到头像，一般的运营者都会认为它是非常重要的标志。那么，如果想更换一个更好、更吸睛的头像，应该怎么设置呢？下面将以公众号为例进行具体介绍。

步骤 01　进入微信公众号平台后台首页，❶点击"公众号设置"按钮；❷选择"账号详情"选项，进入"账号详情"页面；❸点击公众号头像，如图 1-38 所示。

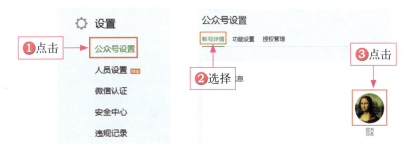

图 1-38　"账号详情"页面

步骤 02　执行上述操作后，弹出"修改头像"对话框，在"修改头像"页面，显示了头像修改的相关说明，❶点击"选择图片"按钮进入相应文件夹选择一张图片；❷然后点击"下一步"按钮，如图 1-39 所示；切换到"确定修改"页面，❸点击"确定"按钮，如图 1-40 所示，即可完成头像修改。

图 1-39　"修改头像"页面　　　　图 1-40　"确定修改"页面

## 1.2.2 修改名称方便记忆和搜索

新媒体账号及其名称作为读者搜索和添加的依据，是独一无二的，因此，巧妙利用后台的可修改功能，设置一个更易搜索和便于记住的名称和账号，就显得尤为重要。接下来以微信公众平台的微信号修改为例进行讲解，以便帮助更多的运营者找到更好的运营途径。

**步骤 01** 进入"公众号设置"下的"账号详情"页面，点击"微信号"右侧的"修改"按钮，如图 1-41 所示。

图 1-41 点击"修改"按钮

**步骤 02** 执行上一步操作后，弹出"修改微信号"对话框，进入"验证身份"页面，❶使用管理员微信扫描该页面上的二维码进行验证，如图 1-42 所示，进入"修改微信号"页面；❷在"新微信号"右侧的文本框中输入修改的微信号；❸点击"确定"按钮，如图 1-43 所示。

图 1-42 "验证身份"页面　　　　图 1-43 "修改微信号"页面

**步骤 03** 执行上述操作后，进入"确定修改"页面，❶在该页面显示了修改前后的微信号信息及相关提示；如果运营者确定修改；❷可点击"确定"按钮完成操作，如图 1-44 所示。

图 1-44 "确定修改"页面

## 1.2.3 自我介绍使用户初步了解账号

显示在资料页面的账号介绍是用户了解该新媒体账号的入口和关键,假如它能引人入胜、树立一个良好的企业和品牌形象,那么用户搜索之后会选择关注的。运营者在已有新媒体账号的情况下,需要设置一个更吸引人的"介绍",那么应该怎么操作呢?下面以"手机摄影构图大全"微信公众号为例进行介绍。

步骤 01 进入"公众号设置"下的"账号详情"页面,点击"介绍"右侧的"修改"按钮,如图 1-45 所示。

图 1-45 点击"修改"按钮

步骤 02 执行上述操作后,弹出"修改功能介绍"对话框,进入"修改功能介绍"页面,❶在中间的文本框中输入修改的功能介绍内容;❷点击"下一步"按钮,如图 1-46 所示;进入"确定修改"页面,❸该页面显示了确认修改功能介绍的内容和提示信息；❹点击"确定"按钮，如图 1-47 所示，即可完成功能介绍的修改。当内容审核成功，即可使用修改后的功能介绍。

图 1-46 "修改功能介绍"页面　　图 1-47 "确定修改"页面

## 1.2.4 引爆流量的图片水印技巧

要想让自身新媒体账号的图片吸引读者的眼球，给图片打上标签也是一种可行的方法。给图片打标签的意思就是给推送的图片上加上专属于该账号的水印。在此，同样以"手机摄影构图大全"公众号为例进行介绍。

进入"公众号设置"下的"功能设置"页面，❶点击"图片水印"功能右侧的"设置"按钮，如图 1-48 所示，弹出"图片水印设置"对话框，如图 1-49 所示，从图中可以看到，图片水印的设置有使用微信号、使用名称和不添加 3 种形式；在此，❷选择"使用名称"选项；❸点击"确定"按钮，即可为图片添加水印。

图 1-48 点击"设置"按钮　　图 1-49 "图片水印设置"对话框

既然我们的目的是要给图片打标签，那我们就可以选择忽视第三种形式，运营者可以在第一种和第二种形式中根据自己的想法选择一种设定图片水印的形式。

## 1.2.5 绑定手机轻松完成众多操作

进入移动互联网时代，在几乎人手一部手机或多部手机的情况下，通过绑定手机的操作来让用户更方便、快捷地寻找到你并产生互动，是新媒体运营和营销过程中不可缺少的。如在今日头条平台上，只要用户绑定了手机，那么就可以更快地找回密码、进行登录验证操作等。本小节就以"手机摄影构图大全"头条号为例，介绍绑定手机的相关内容。下面笔者以在"今日头条"App的头条号后台操作为例进行介绍。

进入头条号主页，❶点击"系统设置"按钮，进入"设置"页面；❷点击"账号和隐私设置"按钮，进入"账号和绑定设置"页面；❸点击"手机号"按钮，进入"更换手机号"页面后，可以按照页面提示进行操作即可完成绑定手机号的修改，如图1-50所示。

图1-50　手机客户端的修改绑定手机号操作入口

## 1.3　轻松玩转账号后台设置

对运营者来说，在设置好账号的基础上，为了进一步实现高效运营，就非常有必要在后台各个模块的设置上下功夫，下面重点介绍后台一些关键模块的功能。

### 1.3.1 通过管理留言/评论对话用户

在新媒体平台上，如果要实现与用户及时沟通的目的，那么就要经常关注用户在平台上的评论和留言，并对其进行有效管理。图1-51所示为"手机摄影构图大全"微信公众号的"留言管理"页面。

图 1-51 "留言管理"页面

在该页面上，移动鼠标指针至一条留言的右侧，可以看到在留言的右侧出现 3 个图标，即"精选" ☆、"置顶" 不和"删除留言" 亩，点击图标即可执行相应操作。如点击"精选"按钮，即可将该留言精选。当然，如果不小心点错了或者是要把已加入精选的留言撤销，点击相应图标即可撤销精选。另外，用户想要查看留言，有时会觉得太繁杂，可以通过该界面留言上方的"时间排序""不限时间"和"全部留言"3 个选项来进行筛选，还可通过右上角的搜索框进行搜索。

图 1-52 所示为"手机摄影构图大全"头条号后台主页的"评论管理"页面。

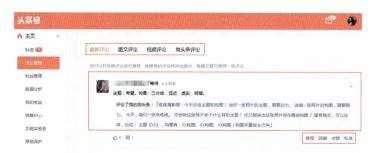

图 1-52 "手机摄影构图大全"头条号后台主页的"评论管理"页面

在该页面上进行评论管理，主要是从以下两个方面着手。

（1）查看评论详情。关于每一条评论，运营者都可以知道具体的评论内容、留言者的头像与昵称以及评论的对象。前面的几项都好理解，至于评论的对象，指的是该评论所针对的内容产品及相应的内容标题，如图文、微头条等。

（2）回应用户评论。在每一条评论的右下角，有推荐、回复、点赞、举报和私信 5 个按钮，运营者可以利用相应的按钮来对用户的评论做出回应。

### 1.3.2 按标签区分用户便于管理

对用户进行高效管理是新媒体运营工作中的一个重要内容，运营得好，也才能更好地用好用户资料库。下面就介绍"手机摄影构图大全"微信公众号中有关用户管理——给用户贴上标签的具体操作。

对运营者来说，用户与用户之间都是有相同点和不同点的，只有按照一定方法进行分类，即给用户贴上合适的标签，才能系统化地管理好用户。而要进行用户分类操作，就要在微信公众号后台新建用户标签和为所有关注用户打上相应标签，具体操作方法如下。

**步骤 01** 进入微信公众号首页，❶点击"用户管理"按钮；❷在"已关注"页面的右侧点击"+新建标签"按钮；❸在弹出的输入框中输入标签名称；❹点击"确定"按钮，如图1-53所示，即可完成一个用户标签的新建操作。

**步骤 02** 按照上述同样的方法，可以新建其他用户标签，完成了用户标签的新建后，在"全部用户"区域，❶选中所有要打上某一标签的用户的复选框；❷点击"打标签"按钮；❸在弹出的列表框中选中用户标签的复选框；❹点击"确定"按钮，如图1-54所示，即可为用户打上标签，完成后台用户归属操作。

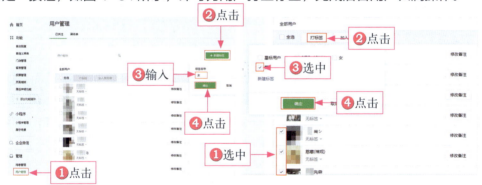

图1-53 新建用户标签的操作　　　　图1-54 为用户打标签

## 1.3.3 自动回复帮助及时暖心互动

在与用户互动过程中，有时运营者会因为各种原因而不能及时回复，在这样的情况下，为了进一步提升用户体验，可以利用平台的自动回复功能针对用户的不同行为设置相应回复内容。

在微信公众平台后台的功能模块，自动回复设置包括3类，即关键词回复、收到消息回复和被关注回复。说到具体操作，后两类是相似的，不同的是设置的回复内容，且比较简单，而前一类却有着本质的不同，且比较复杂，下面将进行详细介绍。

所谓"关键词回复",指的是用户发送的留言信息中出现了平台设置的完整的关键词,平台就会触发"关键词回复"功能,把预先设置的信息内容发送给对方。下面是设置"关键词回复"的具体操作。

步骤 01　进入平台后台首页,❶点击"自动回复"按钮;❷选择"关键词回复"选项,进入"关键词回复"界面;❸点击"添加回复"按钮,如图 1-55 所示。

图 1-55　进入"关键词回复"界面

步骤 02　执行上述操作后,即可进入"关键词回复"设置页面,如图 1-56 所示。在该页面上,完整的设置内容包括 4 项:规则名称、关键词、回复内容和回复方式,❶运营者需要一一对其进行设置;设置完成后,❷点击"保存"按钮即可完成新建"关键词回复"设置的全部操作。

图 1-56　"自动回复"界面

## 1.3.4　原创声明功能管理转载内容

在新媒体平台上,如果推送的是自己原创的文章,那么运营者应该在文章中声明原创，以便保护自身权益。那么，这一功能具体应该怎么运用和操作呢？本小节将以微信公众号"手机摄影构图大全"为例，其具体操作步骤如下。

步骤 01　登录进入微信公众号平台后台首页，❶点击"原创声明功能"按钮，进入相应界面，在"原创文章"页面，有"原创文章管理"和"长期转载账号管理"两个选项，在此，选择"原创文章管理"选项进入相应页面，在页面右侧的"操作"栏下方，可通过点击"分享与转载详情"按钮查看相关情况；在此，❷点击"可转载账号"按钮，如图 1-57 所示。

图 1-57　"可转载账号"设置

步骤 02　执行上一步操作后，进入相应文章的"转载账号管理"页面，如图 1-58 所示，该页面有"单篇可转载账号"和"长期可转载账号"两项，其中，点击"长期可转载账号"右侧的"管理"按钮，与选择"原创文章"页面的"长期转载账号管理"选项后进入的页面相同。在此，点击"单篇可转载账号"右侧的"添加"按钮。

图 1-58　"单篇可转载账号"的添加

步骤 03　执行上一步操作后，弹出"添加转载账号"对话框，在"填写公众号"页面，❶在右侧选中公众号复选框；❷点击"下一步"按钮，如

图 1-59 所示。当然，如果页面右侧没有要转载的公众号，也可以在左侧的搜索框中搜索并选择；执行操作后，进入"该账号权限"页面，显示了"可修改文章"和"可不显示转载来源"两项权限，❸选中"可修改文章"复选框；❹点击"确定"按钮，如图 1-60 所示。

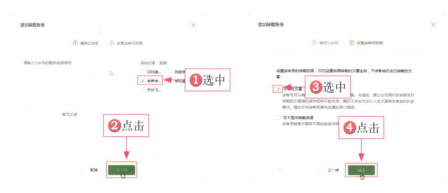

图 1-59　选择可转载的公众号　　　　图 1-60　选择转载权限

**步骤 04**　执行上述操作后，返回文章的"转载账号管理"页面，显示了添加的可转载账号，如图 1-61 所示。如果运营者想取消该账号的转载权限，❶可点击图 1-61 中的"移出"按钮；❷在弹出的页面中点击"移出"按钮，如图 1-62 所示。

图 1-61　显示可转载账号　　　　图 1-62　移出可转载账号

# 第 2 章

## 组建：团队携手共筑良好运营基础

**学前提示**

任何企业都不能没有运营部门，就好比人不能没有心脏一样，运营的重要性是众所周知的。好的产品需要运营，而对于运营而言，除了产品，运营的人员也是运营中的一大重点。因此，如何打造具有战斗力的运营团队也是我们必须要考虑的问题。

**要点展示**

- ▶ 运营团队组建的基础构架
- ▶ 运营人员的选择是核心关键
- ▶ 运营岗位职责需仔细划分

## 2.1 运营团队组建的基础构架

周鸿祎说:"好的产品是运营出来的。"因此,一个产品或者说一个企业都是离不开运营团队的。一个企业组建运营团队的目的就是为了让产品更好地为大众所用,从而为企业带来利润,为用户带来全新的体验。可是,运营团队的组建是不是随意让几个人负责运营的工作就好了呢?本节将详细介绍企业应该如何组建运营团队,以及这其中的奥秘。

### 2.1.1 组建运营团队前的准备

无论是什么企业,运营团队都是根据产品的形态来组建的,而一个产品什么时候开始运营,怎么运营,实际上是由它自己的形态决定的。因此,这就要求我们在组建运营团队之前明确产品的形态,从而确定运营模式。

对于处于互联网环境中的众多产品而言,都是跟随着互联网的发展共同成长起来的,而且其种类越来越偏向于精细化、丰富化,但一经概括,产品的形态可以分为如图2-1所示的几大类。

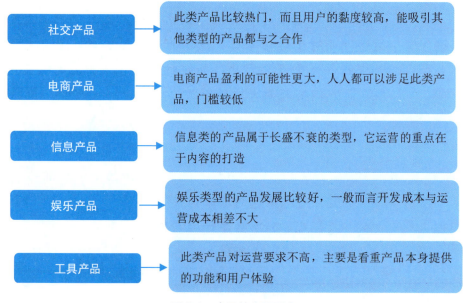

图 2-1 产品的主要形态

首先来看人气高的社交产品,它为什么会这么热门,甚至不惜引得其他产品都来涉足社交产品的内容呢?笔者认为有以下两个原因:一是满足了个人想和他人交流的欲望；二是用户的黏性比较强，能够保证产品的使用。越来越多的产品开始注意这一点并开始与之合作，比如娱乐产品会专门建立用户交流社区、电商产品也会打造用户分享圈子等。

那么，是不是所有的企业做社交产品都会成功，都会获得好的效果呢？并不是。市面上的社交产品层出不穷，但真正成为用户心中不可撼动的社交产品却只有那么几个。这其中有两个主要原因：一是产品的定位可能不准确，没有抓住用户的需求；二是针对用户的运营工作没有做到位。那么，对于社交产品而言，又应该如何开展用户运营呢？笔者将其要点总结为如图2-2所示的两点。

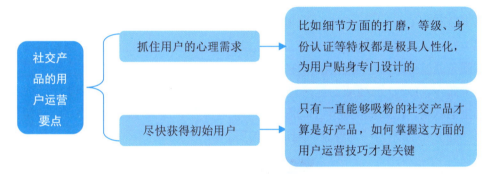

图2-2 社交产品的用户运营要点

再来看能够吸引庞大资金的电商产品，它可谓是最近几年炙手可热的产品类型了，随着移动互联网和移动支付方式的不断发展和普及，各大电商产品层出不穷，纷纷迎来了"黄金时代"。做电商产品的门槛较低，基本上人人都可以做，而且一般来说前期做电商产品验证运营模式比较简单，耗费成本不大。

那么，电商产品的运营究竟难在哪里呢？笔者认为难就难在让交易过程流畅，比如用户会遇到种种问题，说明运营存在的缺陷，如图2-3所示。

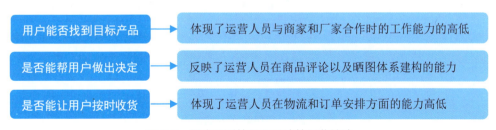

图2-3 用户遇到的问题反映的运营缺陷

此外，电商产品还可以细分为很多种类型，具体内容如图2-4所示。这些不同的电商产品又需要通过不同的运营技巧来经营，也要求运营人员具有不一样的运营能力。

图2-4　电商产品的细分类型

O2O（Online to Offline，即产业链既涉及线上又涉及线下），它与电商产品类似，但又有所区别，电商产品是通过互联网售卖商品，而O2O则是将线下的服务通过互联网的渠道售卖出去。

如今，O2O已经成为越来越火热的产品模式，各种类型的O2O产品在市面上活跃着，比如提供美甲上门服务的"河狸家"、提供家政服务的"阿姨帮"等。图2-5所示为"河狸家"App的首页。

图2-5　河狸家App的首页

娱乐产品的分类很复杂，常见的有游戏、音乐、视频等，以最近愈来愈热的游戏产品为例，它主要由网页游戏和手机游戏构成。一般来说，游戏的运营成本与开发成本差不多，而且如果能抓住热点和用户的喜好，就很有可能获得成功，比如"王者荣耀"就掀起了一股移动端游戏的热潮。如图 2-6 所示，这是王者荣耀的游戏界面。

图 2-6　王者荣耀界面

其实，对于游戏产品而言，运营者应该注意吸引更多的用户、提升用户活跃度和获得更多的利润。除此之外，游戏产品的运营还要重视数据的统计和分析，一边运营一边关注数据的变化，从而根据数据不断调整和改进运营方法。

## 2.1.2　齐心协力搭建运营结构

团队的组建是根据企业的情况而定的，有的成熟的团队已经不用考虑这方面的问题，但对于一开始涉足运营的企业而言，虽然处于资金不足、资源有限的境遇之中，但还是需要推进运营团队的建设，因为好的产品都是运营出来的。

如果企业的创始人本来就具有良好的运营能力，那么运营的问题自然会迎刃而解，可是如果企业的创始人和团队并没有掌握运营技巧，那又该怎么办呢？我们就应该从了解运营的结构开始做起，一步一步来。下面介绍运营团队发展的 3 个阶段。

### 1. 试验阶段

在此阶段，产品还处于未投放的状态，还是胚胎，而且也没有拉到投资。因此，这个时候企业的创始团队需要做的就是利用自己的力量来对产品进行初步的宣传和推广，之后根据数据检验产品是否受欢迎。宣传和推广的方式比较有限，总结起来有上传至 App 应用商店、微博平台推广和微信公众号推广 3 种方式。

如果数据结果显示产品可行性不大，就应该即刻转向其他领域；如果数据结果比较乐观，甚至一度引起用户的火热追捧，那么就可以直接进入下一个阶段的运营了。

> **专家提醒**
>
> 值得注意的是，对目标用户进行细分和明确是这一阶段非常重要的工作，比如互联网上的用户，从平台的角度对他们进行分类，如微信、QQ、豆瓣、天涯、贴吧等；如果不是互联网用户，那么就应该从线下的各个角度来进行突破，比如上门咨询、洽谈等。

### 2. 成长阶段

这一阶段也是团队迅速发展的阶段，有了前面对产品的试验，投资也陆续引进，运营的框架也在逐步搭建，团队发展的趋势主要体现在如图 2-7 所示的几个方面。

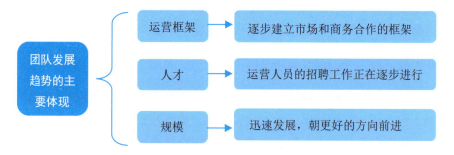

图 2-7　团队发展趋势的主要体现

这个时候团队必须要理清思路，清楚自己"运营"的这座大厦具体应该怎么搭建，而不是毫无头绪、一头乱麻。如果连自己都没有搞清楚要怎么搭建以及达到什么样的效果，就更别想着让招聘过来的人员能够解决这个问题了，既然是领导者和创始团队，就应该对全局有比较自信的把控。

### 3. 壮大阶段

经历了迅速发展的时期，团队的各方面能力自然得到了很大的提升，业务方面也更加熟练。因此，这个时候就偏向于数据化管理，通过对数据的观察和分析，对自己的运营能力进行审查，同时根据数据结果不断优化产品。随着经验的累积，运营团队的能力也会不断得到提升，从而养成属于企业独一无二的运营技巧。

其实，在创业的初始阶段，如果产品并不能顺利地推广出去，并很好地被大众接受，那么，团队就应该从多个方面思考自己的问题，不能单单局限于运营这一点，阻碍产品发展的原因很多，具体如图 2-8 所示。

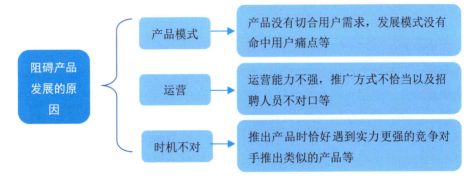

图 2-8　阻碍产品发展的原因

**专家提醒**

对于运营团队的组建来说，创始人和创始团队的能力是很重要的，同时在一定程度上对运营团队的结构也造成了影响。

如果创始人的运营能力不强，那就按部就班，通过一步一步地努力不断地提升能力或者借助外部力量；如果创始人本来就具有比较出色的运营思维，那么就可以适当地简化运营团队的结构，更快更好地对产品进行经营和推广。

## 2.2　运营人员的选择是核心关键

运营人员的招聘不是一朝一夕的事，而是一项需要长期谋划和准备的工作，很多企业在确立了运营团队的结构之后，苦于不知道如何招聘合适的运营人才。这有两方面的原因：一是因为任何行业的人才招聘都不简单；二是要找到与运营结构相匹配的运营人员更是难上加难。

其实招聘运营人员的要点无非就是两个：一是提前做好准备，在企业发展到一定阶段的时候就开始着手运营人员的招聘，做好招聘的计划以及人才的培养工作；二是知道自己需要什么人，详细描述工作岗位的职责，并与人事部门进行沟通和交流，不要因为沟通不足而错失人才和机会。

这里简单介绍了招聘运营人员的两大要点。那么，在实际的招聘过程中是不是还有更多的细节要求呢？本节将以内容运营人员的招聘为例，详细介绍在招聘的过程中应该如何筛选人才。

## 2.2.1　团队运营离不开大局思维

运营是整体的运营，各组成部分的运营是不可分离的，必须从大局出发，从高处着眼，把整体考虑进去，才能让运营效果更好。内容运营作为运营的重要部分和表现媒介，更是与其他部分联系紧密。

因此，在运营团队招聘内容运营方面的人员时，必须要求其具备大局意识，培养一种大局运营思维，如此才算是真正合格。从具体的运营工作上来说，就是需要他们在编写文案时，要把将要面对的用户和要推送的渠道放在思考的前列，真正地把内容运营的价值表现出来。

可见，大局运营思维毕竟属于思维的范畴，就必然有着思考的成分在里面，需要考虑内容以及用户和渠道等众多方面，而不能只单纯针对一个角度去做一些没有很大效果的工作，应该多思考如"怎样才算是一篇好文章？""内容究竟是面对什么用户的"和"适合什么频率更新"这样的问题。这 3 个问题，看起来与单纯的文案编写这一过程没有太大关系，其实并不是如此，它们是文案编写者在编写前和整个编写中要思考的，甚至在写好之后也是需要仔细斟酌的，只有这样，内容运营这一体系才能盘活。换句话说，它们是培养和具备全局运营思维的必要条件。

此外，我们这里谈到的大局思维，是需要运营人员具备全面思考问题、注重细节、考虑长远等几方面的素质。

## 2.2.2　成员需具备好的文案能力

上面已经从整体和全局上对内容运营人员的能力进行了介绍，接下来从局部出发，告诉你内容运营人员需要具备的一项基本能力。当然，这也是内容这一大的运营体系中，每一个创作佳绩的单点内容能够顺利完成的支撑。

说起文案能力，也许有些人会认为，这有什么好说的，不就是文笔好吗？答案真的是这样吗？其实，内容运营中的文案编写，目的是写的文案的质量能满足运营的要求，而且更重要的是，针对不同的运营目的要策划出相应不同的内容，要写出能真正打动用户的、能真正产生价值的内容，才是具备文案能力。

**专家提醒**

文案编写必须与内容运营这一整个过程结合起来,因而好的文案编写能力也就变得不那么简单了——需要根据运营效果来衡量。这就需要我们在编写文案时不能只为写而写,否则即使是再优美、华丽的文案,也只能弃置一旁,即使被采用了,效果也一定不会让人满意。

因此,总体来说,文案的编写不能只看本身的文字能力,而是要看与运营方向的协调能力,就好比在大海上航行不光是看船的质量好不好,而关键是在于船长是否能掌控船舵的方向。

那么,针对运营而创作的文案,它的文案能力的好究竟要"好"在哪里呢?首先,它的核心是围绕用户展开,在用户思维习惯的改变以及用户阅读习惯改变的背景下,文案内容也需要进行相应改变。不论是接地气还是文艺范的风格,最主要做到从用户与价值结合的角度出发,更深入地去探索用户需求和更深入地进行价值挖掘和提炼。

### 2.2.3 辅助运营需要不断地提升关联技能

无论是大局运营思维,还是好的文案能力,对于内容运营人员来说,都是必须具备的。而除了这两种必需的能力外,还需要掌握其他一些与内容运营相关的辅助技能。

抛开内容运营概念不说,在一些人看来,运营人员针对的就是运营。在他们的字典里,运营是完全与其他技能无关的。而作为一个专业的、真正的运营人员,除了运营方面要精、深外,还需要广博的知识和技能,内容运营人员也是如此。究其原因,这主要是由对自身的要求和内容运营的价值运作原理决定的。

一方面,我们需要获得社会认可,创造自身价值,这是需要掌握相应技能的。从基本的物质生活需求看,要想做好工作和获得更多报酬,更多的辅助技能是一个重要因素。另一方面,从内容运营的运作原理看,包括如图2-9所示的两方面内容。

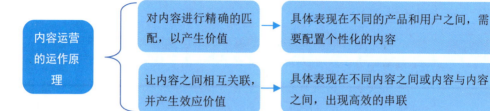

图 2-9　内容运营的运作原理解析

综上所述，我们在做新媒体运营时，就必须干一行，专一行，对涉及工作的各种辅助技能都能熟练掌握，这样工作起来才能得心应手，如照片后期处理功能、各种软件和平台的功能探索等，都是需要我们在内容运营中需要的辅助关联技能，而不能仅仅把内容运营定位在"重复搬运信息——对内容进行排版——按时推送"上。

> **专家提醒**
>
> 在此提到的辅助关联技能，也并不是统一的，不同的公司、不同的行业，都是有着不同的定性，我们应该在内容运营的过程中一步步去实践、一步步去学习，如此才能将其转化为自己的技能。

## 2.3　运营岗位职责需仔细划分

运营团队的建设，除了了解运营团队的结构和怎么招聘运营人员，还要明确运营过程中各个岗位的具体职责。很多人都对运营的概念和具体工作没有全面的理解，甚至还会觉得运营这份工作很杂，实际上，运营不是杂，而是需要运营人员具备掌控系统的运营能力，并且能够全面考虑细节，同时与其他部门做到及时沟通，以达成促进产品发扬光大的目的。

每一个运营岗位都至关重要，不是说内容重要就只关注内容运营，用户重要就不管数据运营，这是不可能的，也是万万不可行的。对于运营人员而言，运营的每个环节都要参与，最好还能全面精通，这也是新媒体运营的大势所趋。

### 2.3.1　运营需要具备一定的技能

我们先来了解新媒体，新媒体的范畴还包括自媒体平台，随着互联网和移动互联网的迅速发展，自媒体平台层出不穷，其中比较典型的自媒体平台如

图 2-10 所示。

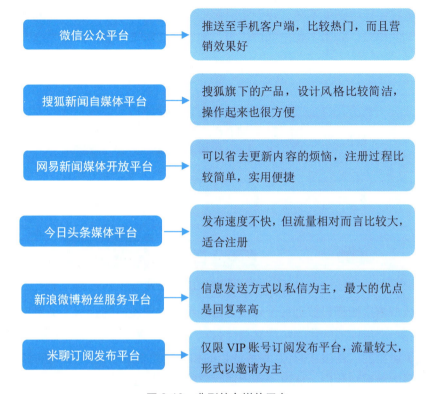

图 2-10 典型的自媒体平台

那么，新媒体账号运营究竟有着怎样的工作职责呢？这点可以从如图 2-11 所示的几个方面来进行分析。

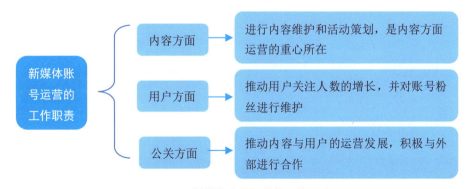

图 2-11 新媒体账号运营的工作职责

## 2.3.2 广告投放获取更多的流量

广告在生活中无处不在，我们每时每刻接触的信息之中都有广告的影子，街边上接到的传单、网页上弹出的广告等。图 2-12 所示为腾讯网页中插入的苏宁广告。

图 2-12　腾讯网的广告投放

那么广告是如何投放到每个网页上去的呢？广告投放的运营人员又该完成哪些工作呢？广告投放的目的和意义是什么？

关于运营的广告投放岗位，最终的目的和职责要求是以更少的广告投放费用，获取更多的流量和用户。从这一点出发，广告投放岗位需要做 3 个方面的工作，且这 3 个方面的工作在时间上有前后承接的关系，如图 2-13 所示。

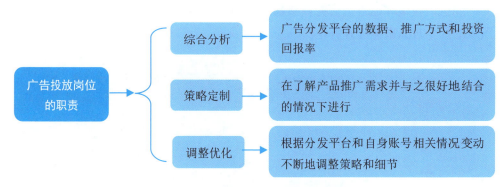

图 2-13　广告投放岗位的职责介绍

## 2.3.3 平台推广之 App 的开发

要想做好新时代的运营，各方面都得兼顾，如微信公众号、微信小程序，而在微信平台以外，还有 App 这一大的推广渠道，因此，应用商店推广岗位也是需要了解的。在此，应用商店推广主要还是着重于推广方案制订和实行的前期工作。一般说来，它包括两个阶段的内容，具体如图 2-14 所示。

图 2-14　应用商店推广的两个阶段内容

这里谈到的对内和对外的岗位职责主要内容如图 2-15 所示。

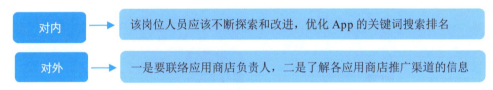

图 2-15　对内和对外的主要岗位职责

在此，对外层面的工作是不可忽视的，应该引起运营者的重视，毕竟有关系、有准备，将来的广告投放才能事半功倍。

### 2.3.4　内容生产打造优质营销文案

相对于其他运营岗位来说，编辑是大家比较熟悉的，特别是在招聘网站上，与运营相关的编辑职位还是比较常见的，而且在职责上有着明确分配和定位。如图 2-16 所示，这是 58 同城上与运营相关的编辑职位招聘中提及的职位要求。

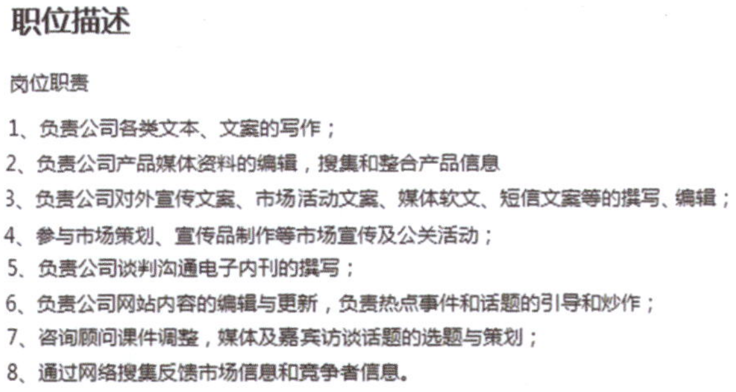

**职位描述**

岗位职责

1、负责公司各类文本、文案的写作；
2、负责公司产品媒体资料的编辑，搜集和整合产品信息；
3、负责公司对外宣传文案、市场活动文案、媒体软文、短信文案等的撰写、编辑；
4、参与市场策划、宣传品制作等市场宣传及公关活动；
5、负责公司谈判沟通电子内刊的撰写；
6、负责公司网站内容的编辑与更新，负责热点事件和话题的引导和炒作；
7、咨询顾问课件调整，媒体及嘉宾访谈话题的选题与策划；
8、通过网络搜集反馈市场信息和竞争者信息。

图 2-16　招聘网站上的运营体系的编辑岗位职责

从图 2-16 中可以看出，运营体系中的编辑岗位职责主要集中在平台的各种内容生产的全流程上，具体步骤：首先要对相关的内容进行策划，其次筛选出适合的内容方向，接下来对选出来的内容进行审核，然后对优秀的内容进行推荐，接着将内容进行合理编排，再对不符合要求的内容进行修改，最后对内容进行完善。这便是运营体系中的编辑岗位职责的全部流程了。

### 2.3.5　线上商铺平台运营体系建设

在电商平台跨境发展的情况下，其他各个平台都出现了与之相关的各种链接，从而使得运营体系的线上商铺管理体系得以建设。图 2-17 所示为打造女性社区的美柚 App 与淘宝搭建的电商平台"柚子街"，这既有效利用了美柚的用户流量，同时又对淘宝的功能延伸起到了一定的帮助作用。

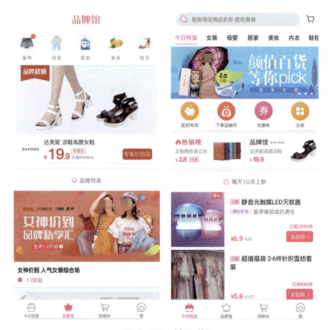

图 2-17　柚子街

线上商铺平台运营体系建设不仅包括电商平台的店铺管理，还包括其他平台的商铺管理，如微店、微商城等。图 2-18 所示为罗辑思维官方店主页。

图 2-18　罗辑思维官方店主页

其实，不管线上商铺管理的范围发生了什么变化，但是该岗位的职责和工作内容却没有大的改变，还是围绕 6 个模块运转，如表 2-1 所示。

表 2-1　线上商铺管理岗位职责

| 模　　块 | 具体职责 |
| --- | --- |
| 商品种类管理 | (1) 主要推荐的是什么商品；<br>(2) 重点打造的有哪些爆款 |
| 商品上架与下架 | (1) 商品什么时候上架或下架；<br>(2) 哪些商品上架或下架 |
| 商品包装设计 | (1) 商品的基础包装；<br>(2) 商品图片文案的设计 |
| 商品的具体推广 | (1) 商品推广方案的制定；<br>(2) 商品推广方案的实施 |
| 营销活动申请 | (1) 促销活动："双十一""520"等；<br>(2) 专题活动：聚划算、拍卖等 |
| 商铺在线客服 | (1) 商品问题解答；<br>(2) 商品售后服务 |

## 2.3.6 社群运营所需的必备技能

在此,群组主要是指由多人组成的线上的群组,主要包括 QQ 群、微信群等。在企业和商家的眼中,群组中的人员是需要细心维护的忠诚粉丝。

因此,进行群组运营无疑是必要的,是运营工作人员的重要职责之一。当然,在现实的运营环境中,这一运营岗位一般是没有特定的、单一的人员负责的,而是由其他运营岗位人员兼任的,如上面所说的新媒体账号运营人员、广告投放人员都是有可能的。

一般来说,群组运营除了需要配合其他运营岗位人员工作外,还要一些区别于其他岗位的特定工作,包括组织群组活动、负责活跃群组气氛、在群组内抛出话题讨论等。

以微信群为例,为了吸引用户并留住用户,运营人员需要一直关注群内动态并主动组织活动,还有运营人员主动告知群成员抢红包等活动。

此外,运营人员还通过发表"早安""晚安"的方式努力活跃群组内的气氛,如图 2-19 所示,这样是为了增强用户的黏性,让他们感受到人性的关怀,从而让他们继续留在社群组中为活跃度奉献出一己之力。

图 2-19 活跃群组气氛

# 第 3 章

# 工具：运营者必会的各种编辑技能

**学前提示**　在新媒体运营领域，经常会涉及很多工具的应用，如文案编辑工具、活动条码机工具、美化图片工具、视频音频编辑工具、吸粉引流工具等，只有熟练掌握这一系列工具的使用技巧，才能更好地运营新媒体平台。本章主要向读者介绍一些新媒体领域的常用工人，让读者对新媒体运营有进一步的了解和掌握。

**要点展示**

- ▶ 优秀文案必备的策划工具
- ▶ 提升双方互动的策划工具
- ▶ 美化文案图片的处理工具
- ▶ 视频音频的内容编辑工具
- ▶ 吸粉引流的 H5 编辑工具
- ▶ 方便快捷的其他平台工具

## 3.1 优秀文案必备的策划工具

对于运营人员而言，一篇好的营销文案所能起到的作用是重大的。在此就为大家介绍文案策划过程中需要用到的一些工具和网站。

### 3.1.1 第一范文网提供实用性资料

第一范文网是一家专门为用户提供范文参考的网站，它以提供各种实用性资料为主，受到广大师生以及其他各种从业者的喜爱，如图3-1所示。

图 3-1 第一范文网的网页

### 3.1.2 爱墨日记轻松做好文案采集

爱墨日记是一款公认的最好用的文案采集软件之一。爱墨日记有一个好处就是，爱墨日记支持每次启动打开新笔记并自动粘贴功能，如果你在其他应用中复制了内容，当打开爱墨日记后就自动完成了创建新笔记和粘贴，用户只需要点击储存就完成了文案的采集，非常快速，如图3-2所示为爱墨日记软件封面。

图 3-2 爱墨日记图标

它还有两个很有意思的功能：墨茶和云输入。墨茶是爱墨日记自带的一个云分享平台，你可以分享自己的笔记到墨茶，也能阅读别人的笔记。云输入则是在指定网页输入文字后获取二维码，用爱墨日记扫描后就完成了输入，方便电脑在身边的时候使用。图3-3所示为墨茶编辑页面和云输入页面。

图 3-3　墨茶编辑页面和云输入页面

## 3.1.3　最常用的办公工具 Office 软件

Office 软件是一个最基本的、常用的办公软件，它主要包括 Word、Excel、PowerPoint（可缩写为 PPT）这 3 个组成部分。对一名文案策划者来说，熟练掌握 Office 软件是这个职业必备的要求，也是所有的职场办公人员需要掌握的一项基本技能。

下面简单介绍 Word 的操作方法。

步骤 01　❶用户首先新建一个 Word 文档；❷将光标定位在文档中输入文本，如图 3-4 所示。

步骤 02　按 Enter 键，光标将移至第 2 行，如图 3-5 所示，在第 2 行输入相应的内容，即可完成对文字对象的输入。

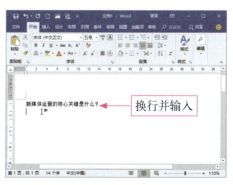

图 3-4　输入文本　　　　　　　　图 3-5　移动光标

## 3.2 提升双方互动的策划工具

众所周知，对新媒体的发展而言，平台与粉丝之间的互动是非常重要的。平台在线上进行的一系列活动，是加强粉丝互动的重要方式之一。因此，做好线上的活动策划，对新媒体工作人员来说，是必不可少的工作内容之一。下面介绍几种常见的进行活动策划时会用到的工具。

### 3.2.1 LiveApp 展示场景应用

LiveApp 是一个移动 App 的场景应用平台，它汇集了众多的可以展示手机 App 场景应用模板的网站，这为企业购买适合的场景提供了方便。图 3-6 所示为 LiveApp 的官方网站界面。

图 3-6 LiveApp 的官方网站

用户在官网完成注册之后，可以获得一个免费的 LiveApp 模板。拥有这个模板之后，可以根据自身的具体情况来设计模板，运用这种模板内容，用户可以上传自己需要的商品信息即可。

### 3.2.2 易企秀 DIY 手机网页

易企秀，作为一款针对移动互联网营销的手机工具，它主打的是手机网页 DIY 的制作。从个人来说，只要在易企秀 App 上完成注册，就可以在这个 App 上制作相册、贺卡、恋爱笔记、美食记忆、旅行记忆、应聘简历、生日祝福等。

然而，企业还可以在易企秀 App 上制作邀请函、社会招聘、企业宣传、名片设计和活动推广设计等。如图 3-7 所示，这是易企秀 App"创作"页面的"邀请函"制作页面。

图 3-7　易企秀 App 上"邀请函"的制作页面

通过易企秀，运营者可以直接进行手机网页的编辑以及制作精美的手机幻灯片，并且不需要去学习那些复杂的编程技术就可以轻松解决。此外，还可以将自己编辑的网页以及制作的手机幻灯片分享到社交网络，易企秀也可以通过报名表单来收集潜在的客户或其他反馈信息。

## 3.3　美化文案图片的处理工具

新媒体运营者在编辑完主要内容之后，就该对图文设计进行考虑了。本节主要以截图工具、美图秀秀和 Photoshop 为例，向大家介绍一些图文处理的方法。

### 3.3.1　截图工具

一般来说，大家普遍都是利用 QQ 来进行截图的。其实，在 Windows 的"附件"中就自带"截图工具"。运营者只需在"截图工具"界面点击"新建"按钮，然后拖动光标选取要捕获的区域，即可截取图片画面。图 3-8 所示为 Windows 自带"截图工具"的操作页面。

图 3-8　"截图工具"操作页面

> **专家提醒**
>
> 运营者可以利用各种快捷键来进行截屏,比如,利用 PrintScreen 键可以截取整个电脑屏幕,Alt + PrintScreen 组合键可以截取当前的活动程序窗口。Windows 自带的这些截图方式,会为用户在进行电脑操作时提供很大的方便。因此,每一个运营者都应该掌握好 Windows 自带的截图工具,以及熟悉这些快捷键的使用。

### 3.3.2 美图秀秀

美图秀秀是大众普遍使用的一种 P 图工具,尤其在年轻群体中,非常受欢迎。它最大的特点就是,简单易学,操作方式非常灵活、方便,而且还为用户提供很多有用的素材。

虽然,美图秀秀是一种简单的 P 图小工具,但是,它的用途却很广泛,它所具有的功能对那些非专业的用户来说是非常有用的,受到很多用户的赞赏与青睐,对那些爱自拍的女性来说,更是一款手机的必备软件。图 3-9 所示为美图秀秀的界面。

图 3-9 美图秀秀的界面

**专家提醒**

美图秀秀的常用工具主要包括裁剪旋转、去水印、图片拼接、压缩图片大小和新建画布做海报等。用户可以利用这些工具对自己所拍的图片进行加工处理，以达到自己想要的效果。

### 3.3.3　Photoshop

Photoshop 是一款专业的图片编辑工具，主要是对那些由像素构成的数字图像进行处理，并在这方面具有非常强大的功能，涉及图像、图形、文字和视频等方面。

在 Photoshop 工作界面中，点击"图像"|"调整"菜单，即可弹出相应的子菜单，其中有很多修图的功能，包括亮度/对比度、色阶、曲线、曝光度、饱和度、色彩白平衡、照片滤镜、阴影/高光、色调均化等，用户可以通过这些功能完成对图片的编辑与精修。

现如今，除了 Photoshop 外，虽然有很多修图软件，但当所需要的图片在清晰度和制作等方面的要求较高时，就应该多学习使用 Photoshop 工具。如图 3-10 所示，这是 Photoshop 的工作界面。

图 3-10　Photoshop 工作界面

## 3.4　视频音频的内容编辑工具

为了进一步美化并丰富新媒体推送的内容，运营者也可以在内容中加入视频或音频。这不仅是对内容推送的一种创新，也更加符合受众的观看习惯，是满足受众诉求的一种表现。而编辑视频音频内容需要借助一定的工具才能完成，因此运营者也需要了解和学习一些基本的视频音频软件。

### 3.4.1 Camtasia Studio

Camtasia Studio 是一款专业的电脑屏幕录制与编辑软件，它主要的功能是对屏幕、配音、声音的录制以及视频制作等。Camtasia Studio 录制的屏幕清晰度非常高，声音也特别清晰，由于其操作的简单性，深受广大用户的喜爱。

下面介绍 Camtasia Studio 软件的基本操作方法。

**步骤 01** 打开 Camtasia Studio 界面，点击"录制屏幕"按钮，如图 3-11 所示。

图 3-11 点击"录制屏幕"按钮

**步骤 02** 点击右侧的红色 rec 按钮，如图 3-12 所示，即可开始录制。

图 3-12 点击 rec 按钮

### 3.4.2 巧影 App

巧影 App 是由北京奈斯瑞明科技有限公司研制发布的一款手机视频后期处

理软件，它的主要功能有视频剪辑、视频图像处理和视频文本处理等。图 3-13 所示为巧影 App 的封面以及进入界面展示。

图 3-13　巧影 App 封面以及进入界面

巧影 App 的最大特色是界面独树一帜，更加系统细分式的视频后期处理。除了以上对手机视频的常规编辑之外，巧影 App 还有视频动画贴纸、各色视频主题，以及多样的过渡效果等，能帮助手机视频的后期处理更上一层楼。

### 3.4.3　手机音频编辑器

音频编辑器是一种对音频进行调试的工具，自从这种音频编辑器开发了手机 App 后，用户在处理各种音频时就更加方便了。在音频编辑器下方有一排编辑音频的工具，用户只要点击相应的按钮，就可以实现对音频的相应编辑，如图 3-14 所示。

图 3-14　音频编辑器

## 3.5　吸粉引流的 H5 编辑工具

H5 是伴随着移动互联网兴起的一种新型营销工具，由于它是移动互联网的衍生物，因此也具有很多移动互联网的营销优势，如娱乐化、碎片化、社会化、互动性强等。如今，H5 已经成为各行各业必不可少的营销工具，可以帮助企业更好地吸粉引流、销售产品。下面让我们进一步了解 H5 和制作 H5 的相关工具。

### 3.5.1 极具创意的百度 H5 平台

百度 H5 是一个 H5 在线制作平台，主要依托百度贴吧等强大的社交分享平台，集制作和传播等功能于一体，其主页如图 3-15 所示。

图 3-15 百度 H5 主页

百度 H5 的主要功能和特点如图 3-16 所示。

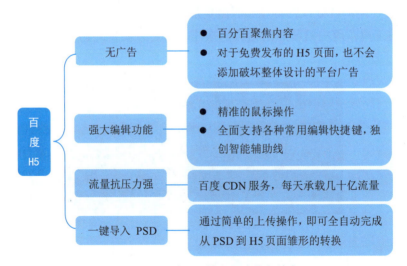

图 3-16 百度 H5 的主要功能和特点

在"创意模板"页面中，提供了招聘、报名、节假、趣味测试、盘点等不同类型的模板，如图 3-17 所示。虽然模板的类型不是很多，查找起来也比较麻烦，但案例的精美度还是很不错的，而且时效性也非常强，紧跟市场热点。

图 3-17 "创意模板"页面

在"用户作品"页面中,提供了推广、邀请、招牌等不同类型的模板,如图 3-18 所示,这里主要是一些优秀的用户作品。大家在制作 H5 之前,也可以看看这些作品,作为参考。

图 3-18 "用户作品"页面

### 3.5.2 堪比 Photoshop 的 iH5 设计工具

iH5 是一套完全自主研发的 H5 设计工具,用户可以在线编辑网页交互内容,作品支持各种移动端设备和主流浏览器,如图 3-19 所示。iH5 制作的效果有多种选择,如快闪、DIY/ 自定义选择、模拟微信 / 电话、全景 /3D/ 一镜到底、长页面和智能 / 数据等。场景选择也十分多样,有邀请函、企业招聘、电商 / 相册、节日祝福、品牌展示、活动 / 抽奖、问答 / 测试、网站、游戏和极简模板。

图 3-19　iH5 主页

iH5 的主要功能和特色，如图 3-20 所示。

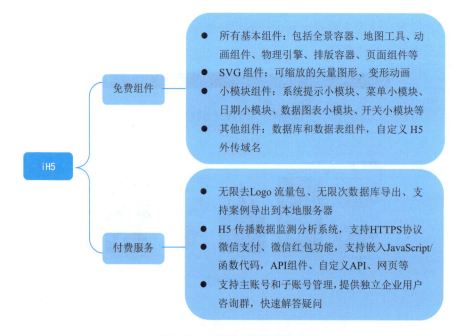

图 3-20　iH5 的主要功能和特点

　　iH5 是一款无须下载的 H5 设计开发工具，采用了物理引擎、数据库、直播流、SVG、Web App、多屏互动等技术，为用户带来一站式的 Web App 平台解决方案。iH5 还被用于创业营销、智墙交互、小游戏、自适应网站和微电商等领域，如图 3-21 所示。

图 3-21　iH5 的应用领域

iH5 的制作界面与 Photoshop 比较类似，如图 3-22 所示。在 iH5 最右边是对象树，它就是 Photoshop 软件中的图层。在对象树中，包括图片、视频、序列帧等素材元素，页面、对象组等容器元素，以及时间轴、数据库等功能性元素，这些都是构成 H5 的基本元素。这些对象以树形的结构层层组织在一起，就构成了一个 H5 的骨架。当然，要搭建这个骨架，我们需要使用到最左边的工具栏，其位置也与 Photoshop 类似，可以用来创建 H5 中的各种对象，像 Photoshop 作图一样来制作 H5。

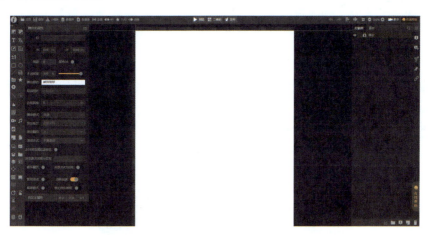

图 3-22　iH5 的制作界面

## 3.6　方便快捷的其他平台工具

现如今，各大新媒体或者自媒体都应该试着寻求与其他平台进行合作，以实现互推以及资源的互换，下面笔者再为大家介绍几个平台。

### 3.6.1 满足个性化设计需求的 Epub360

Epub360 意派是一款专业的 H5 设计工具。用户想要获得这种设计利器的话，必须在官网上免费注册。图 3-23 所示为 Epub360 意派官网页面。

图 3-23　Epub360 意派官网页面

Epub360 意派拥有专业的动画控制器，它对路径动画、组合动画、序列动画等都支持，并且可以利用手势、重力感应、参数变量等实现对作品的触发交互。此外，它还可以利用微信高级接口实现对用户的身份认证、微信拍照、录音等。

为满足用户的个性化需求，它打造了很多关于 H5 的设计，并将许多设计创意融入各种不同的 H5 模板之中。

### 3.6.2 一键生成个性二维码的草料平台

草料二维码是国内最大的二维码生成网站，它不仅可以为用户提供电话、短信、邮件、WiFi 等二维码，也可以提供图片、视频、音频的二维码。

图 3-24 所示为草料二维码的网址生成二维码界面。

图 3-24　草料二维码网址生成二维码界面

草料二维码凭借其领先的技术，不仅可以快速地生成及制作二维码，而且还可以根据用户的需要对扫描二维码后的内容进行修改。

# 第 4 章

# 内容：软文标题与正文的撰写技巧

**学前提示**

在新媒体迅速发展的当下，各大行业也开始纷纷利用新媒体的平台来提升自身的行业竞争力。但在新媒体运营之前，运营者应明白自己的主题内容，并利用好营销内容中的标题取名技巧、内容构思技巧、开头结尾技巧、关键词优化等可以带来利益的方面。本章就从 4 个方面对新媒体运营的内容进行讲解和分析。

**要点展示**

- ▶ 爆款标题取名有讲究
- ▶ 爆款文案内容构思技巧
- ▶ 文章的开头结尾技巧
- ▶ 关键词搜索，排名优化

## 4.1 爆款标题取名有讲究

标题决定着新媒体运营者 80% 的浏览量，是新媒体营销与运营的灵魂。而针对不同的新媒体产品、类型或服务协作，标题的取法是不一样的。下面来了解新媒体运营中标题写作和取名的一些技巧。

### 4.1.1 热词型标题

在学习如何撰写新媒体文章标题的时候，在标题里加入一些特定的关键词，如一些较常用的热词——"惊人的""注意""请看""通知""最后""终于""这种""这里有"和"你是/能否"等，会使文章的曝光率和阅读量达到一个意想不到的效果，如图 4-1 所示。

图 4-1　标题中加入"你是否"的新媒体文章案例

### 4.1.2 借势型标题

在撰写新媒体文章标题的时候适当借用热点、名人、流行等势头能够让文章传播速度增强，所以在学习如何撰写文章标题的时候要学会"借势"。本节将从标题如何借势的思路出发，重点介绍 8 种打造新媒体爆款标题的方法，如图 4-2 所示。

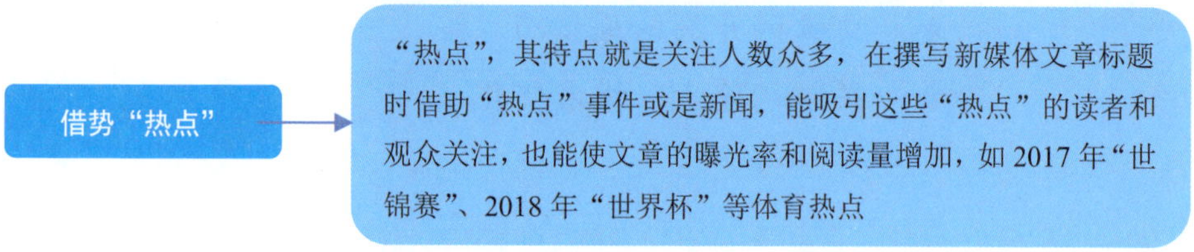

借势"热点" → "热点"，其特点就是关注人数众多，在撰写新媒体文章标题时借助"热点"事件或是新闻，能吸引这些"热点"的读者和观众关注，也能使文章的曝光率和阅读量增加，如 2017 年"世锦赛"、2018 年"世界杯"等体育热点

图 4-2　借势型标题的撰写方法介绍

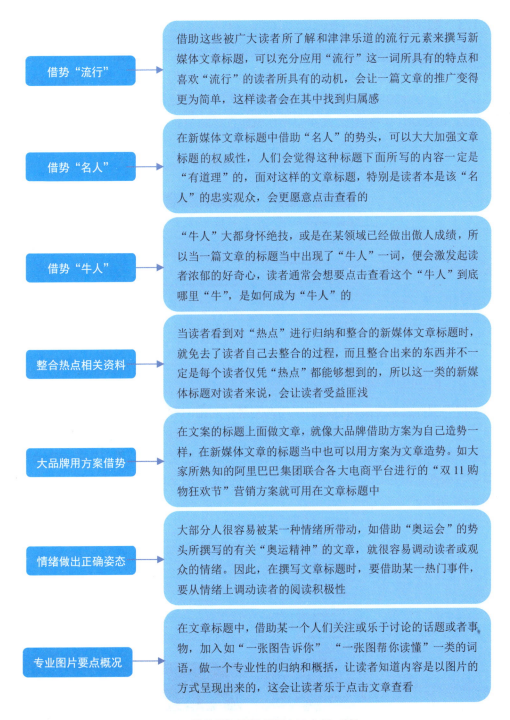

图 4-2 借势型标题的撰写方法介绍（续）

### 4.1.3 数字型标题

在学习新媒体文章标题的撰写时,学会使用醒目的数字吸引和冲击读者的视觉,能为一篇文章的阅读量打下良好的基础。无论是何种场景,数字都能传达出真实又十分准确的信息,把它运用到标题撰写中,会让这一篇新媒体文章更具有说服力,也更能让读者信服。图 4-3 所示就是在标题中加入了数字的文章标题案例。

图 4-3 数字型标题的文章案例

### 4.1.4 提问型标题

提问型标题就是撰写标题时采用询问某一问题的形式,常见的最简单的答案是"是"或"不是",但也有很多其他回答。从读者的心理层面来说,看到提问型标题,有的读者会抱着查看自身问题的心态点击这一类标题,有的读者会抱着学习或者新奇的心态点击这一类标题,他们都会对文章内容产生兴趣,案例如图 4-4 所示。

图 4-4 提问型文章标题案例

## 4.1.5 语言型标题

新媒体文章的标题的撰写要注重其语言的恰当运用，只有语言运用得当，才能吸引读者的目光。特别是有些修辞方式的运用，如比喻、拟人、对偶、谐音、引用典故等，能让文章标题大放光彩，吸引更多用户阅读和关注。

如图 4-5 所示，这是在标题撰写时采用了拟人修辞手法和运用典故的文章案例。

图 4-5　语言型文章标题案例

## 4.1.6 告知型标题

在新媒体文章的标题撰写上，要能够明确地告诉读者要点，提醒读者去看，这样才能让读者阅读文章。当然，撰写者要告知读者的要点包括很多方面的内容，如福利、危害、建议等，都可作为告知的内容。

图 4-6 所示为"告知危害型"文章标题案例。

图 4-6　"告知危害型"文章标题案例

## 4.2 爆款文案内容构思技巧

在微信公众号运营和软文撰写过程中,软文正文是除了标题之外的另一个需要重点关注的部分。那么,在软文正文的撰写和生成中,撰写者应该怎样操作呢?下面就针对软文正文的撰写与需要注意的几点要求进行论述。

### 4.2.1 挖掘行业内幕引发读者探究

在撰写软文时,作者可以通过爆料各种内幕来进行构思,一方面吸引读者的注意力,另一方面可以帮助读者更多地了解企业及其品牌和产品,从而增强信服感和价值感。具体来说,可从以下几个方面着手。

(1)内部运作方面。从这一方面而言,它是每个人都熟悉的,并经过长时间的实践,有着这方面的丰富的经验和技巧,在企业允许和不涉及隐私的情况下,进行爆料,不失为一种明智的创意构思方式。

(2)商业信息方面。从这一方面来说,其实也是一种具有实践性的信息分享。通过企业在商海沉浮过程中的发展经历,披露一些具有阅读和借鉴价值的行业信息也是一种有效的内幕爆料构思方式。

(3)未公开信息方面。从这一角度来说,更多的是一种企业发展和产品、品牌的前期蓄势宣传。一般选择的是企业将要发展的方案部署、下一期新品等,如一些知名的未上市企业将要上市的宣传,抑或是下一季将推出的新品特点,其实质还是借助这些未公开的信息来吸引读者的注意,进一步借宣传为企业发展提供助力。

### 4.2.2 运用逆向思维反其道而行之

这是从读者所熟知或普遍认识的反面进行思考的思维与认识方式,也是软文正文常用的一种布局方式,具体来说,可分为3种类型,如图4-7所示。

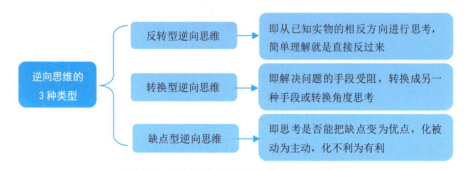

图4-7 逆向思维的3种类型及其应用举例

### 4.2.3 借助故事切入，摆脱文章乏味

讲故事是一种常用的写作切入手法，各种文学名著中不乏这类手法的运用，如《红楼梦》中就是引入了上古传说故事来进入正题的。那么，在软文正文中，应该怎样以讲故事的方式来布局内容和宣传企业及其产品呢？

首先，撰写者应该对讲故事的具体目的进行考虑。在此，软文正文中以故事切入的最终目的是对故事涉及的产品和品牌等进行宣传，而不是在于故事的娱乐性，从其实质来说，讲故事只是实现产品宣传的媒介和途径。

其次，撰写者应该思考故事的来源。从这一方面来说，可以对国内外热点稍加关注并加以结合，就可以在讲故事的同时达到软文宣传的目的。

最后，撰写者还应注意软文对故事内容的要求，这是由软文的宣传性质决定的。具体来说，切入软文的故事必须具备3个方面的特性，即：知识性、趣味性和合理性。

### 4.2.4 巧妙互相拆台，增添文章趣味性

这种方式主要是在基于两者之间关系的宣传方式，如两个企业之间或两个名人的作秀炒作等。它通过在两者之间制造矛盾的关系来使得宣传更具趣味性和曲折性，由此吸引读者的注意。这是娱乐宣传的一种常用的方式，延伸发展为软文的创意构思最好的撒手锏之一。

## 4.3 文章的开头、结尾技巧

对于一篇公众平台的文章来说，其开头的重要性仅次于文章标题及文章主旨。所以，平台编辑在写文章的时候，一定要注意在开头就吸引住读者的目光。只有这样才能让读者有继续阅读下去的念头。

而一篇优秀的微信公众平台文章，不仅需要一个好的标题、开头以及中间内容，同样也需要一个符合读者需求、口味的结尾。

### 4.3.1 4种必备的开头撰写要素

对微信公众平台上的文章来说，软文的开头是一篇文章十分重要的部分，它决定了读者对这篇文章内容的第一印象，因此要对它极为重视。

微信公众平台上，一篇优秀的文章，在撰写正文开头时一定要做到如下4点：紧扣文章主题、陈述事件事实、语言风格吸引人、内容有创意。

### 4.3.2 激发联想，产生强烈阅读欲望

公众平台的编辑在写想象与猜测类型的正文开头时，可以稍微运用一些夸张的写法，但不要太过夸张，基本上还是倾向于写实或拟人，能让读者在看到文字的第一眼的同时就能够展开丰富的联想，猜测在接下来的文章中会写些什么，从而产生强烈的继续阅读文章的欲望。

在使用想象猜测类型的文章开头的时候，要注意的就是开头必须有一些悬念，给读者以想象的空间，最好是可以引导读者进行思考。

### 4.3.3 平铺直叙，突出文章本身的吸引力

用平铺直叙的方式表达的开头也被叫作"波澜不惊"型，表现为在撰写正文开头时，把一件事情或者故事有头有尾，一气呵成地说出来，平铺直叙，也有人把这样的方式叫作流水账，其实也不过分。

"波澜不惊型"的方式，正文中使用的并不多，更多的还是存在于媒体发布的新闻稿中。但是，在微信公众平台正文的开头中也可以选择合适的时候使用这种类型的写作方法，例如重大事件或者名人明星的介绍，通过文章本身表现出来的重大吸引力来吸引读者继续阅读。

### 4.3.4 首尾呼应，给读者留下深刻印象

首尾呼应法，就是常说的要在文章的结尾点题。微信公众号软文编辑在进行文章撰写的时候如果要使用这种方法结尾的话，就必须做到首尾呼应，文章开头提过的内容、观点，在正文结尾时再提一次。

首尾呼应的结尾法能够凭借其严谨的文章结构、鲜明的主体思想给读者留下深刻的印象，引起读者对文章中提到的内容进行思考。如果微信公众平台运营者想要读者对自己传递的信息留下深刻印象，那么首尾呼应法则是一种非常实用的方法。

### 4.3.5 号召用户，让读者产生共鸣

微信公众平台运营者如果想让读者加入某项活动中就经常会使用号召法对文章进行结尾，同时很多公益性的微信公众号推送的文章中也会有比较多的使用这种方法进行结尾。

号召法结尾的文章能够在读者阅读完文章内容后，使得读者与文章中的内容产生共鸣，从而产生强烈的意愿加入文章中发起的活动。

## 4.4 关键词搜索，排名优化

在互联网时代，各企业商家是想尽办法要在搜索引擎上进行自己的关键词优化，提高自己的排名和点击量。如今，移动互联网的各搜索引擎推出，又该如何利用并加以优化？下面笔者为大家介绍研究关键词设置，优化排名搜索。

### 4.4.1 百度指数：研究关键词的技巧

百度指数是一个研究关键词的工具，主要以图表的形式显示关键词的搜索量和变化，包括研究趋势、需求图谱、资讯关注以及人群画像。

那么，使用百度指数究竟有哪些好处呢？或者说，百度指数作为研究关键词的工具，有什么过人之处呢？笔者将其主要优势总结为如图 4-8 所示的 3 点。

图 4-8 百度指数的主要优势

百度指数的功能包罗万象，为用户提供了诸多便利，具体的功能包括如图 4-9 所示的几点。

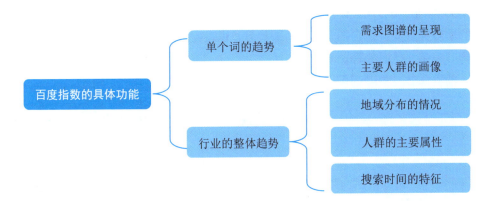

图 4-9 百度指数的具体功能

以"摄影"这一关键词为例，在百度指数搜索框输入它，便会出现如图 4-10 所示的页面。我们可以看到，这里会展示"摄影"一词的趋势研究，即它的搜索指数概况和搜索指数趋势。根据图 4-10 所示，近一周来"摄影"一词的搜索有所下降，整体的趋势则是有涨有落。

图 4-10 "摄影"一词的百度指数页面

## 4.4.2 预测关键词：两招学会预测关键词

许多关键词都会随着时间的变化而具有不稳定的升降趋势。因此，学会关键词的预测相当重要。这样的话，就能够随时对关键词进行调整，以争取获得更多阅读量，扩大软文的传播范围。

那么，我们要从哪些方面学习关键词的预测呢？笔者将从以下两个角度分析。

### 1. 季节性，节假日的祝福

关键词的季节性波动比较稳定，主要体现在季节和节日两个方面。如服装产品的季节关键词会包含四季名称，即春装、夏装等；节日关键词会包含节日名称，即春节服装、圣诞装等。

预测季节性关键词可以从以下方面来进行预测，如图 4-11 所示。

图 4-11 预测季节性关键词的方法

**专家提醒**

值得注意的是，在预测季节性关键词的时候，要时刻关注某个节假日的到来，而且要提前预知。一般来说，季节性的关键词预测是比较能够把握的，因为节假日都是固定的，不会有很大的改动。当然，也不排除会有政策的改动导致节假日的变换，但总体来说还是很稳定的。

### 2. 社会热点，普通人的共鸣

社会热点新闻是人们关注的重点，当社会新闻出现后，会出现一大波新的关键词，搜索量高的关键词就叫热点关键词。因此，我们不仅要关注社会新闻，还要会预测热点，抢占最有利的时间预测出热点关键词。如此一来才能够得到流量，获得关注。下面笔者介绍一些预测热点关键词的方向，如图4-12所示。

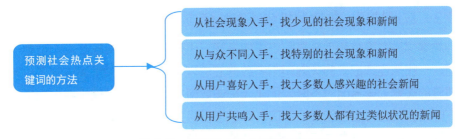

图4-12　预测社会热点关键词的方法

以"手机摄影构图大全"为例，它推送的文章就是根据季节性的关键词进行整理的，如图4-13所示。"元宵、花灯和汤圆"，这属于节日习俗，同时还结合公众号的特点——"摄影构图"打造了精致的内容，得到了不少读者的关注和好评。由此可见，关键词的预测对于阅读量的提升是有着比较重要的价值的。因此，对关键词进行预测是必不可少的环节。

再来看"哎呦科技"推送的《再见！4G……》一文，如图4-14所示，它是以社会热点为关键词的。主要是通过移动网络的更新换代来引起

图4-13　季节性关键词之"节日习俗"示例

读者的共鸣,这样的文章也是根据对关键词进行预测之后才撰写出来的。从评论也可以看出,广大读者对此事多有关注,并纷纷表达了自己对于移动网络的看法。

图 4-14　社会热点关键词之"用户共鸣"示例

## 4.4.3　应对技巧：关键词排名下降如何应对

关键词排名下降和上升是很正常的事情,比如,排名下降幅度在个位到十位之间,一般从连续记录的关键词排名数据汇总可以看出哪些关键词下降了。若是大部分的关键词排名同时下降,优化人员该如何应对？当关键词排名出现了明显的下降时,我们肯定不能坐视不理,而是想出相关的对策来解决。

通常,关键词排名的下降分为两种情况,那么,我们到底应该怎么分别应对这些状况呢？笔者将其技巧总结为如图 4-15 所示。

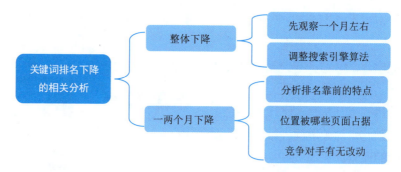

图 4-15　关键词排名下降的相关分析

以一些摄影公众号为例,为了应对一段时间内排名下降的问题,对相关的公众号进行了调查研究,得出排名靠前的摄影类公众号的特征,具体如图 4-16 所示。

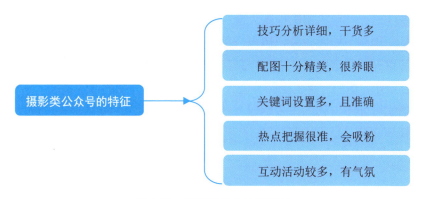

图 4-16 摄影类公众号的特征

同时,笔者对"手机摄影构图大全"公众号进行了重点考察,图 4-17 所示为其推送的相关内容。

图 4-17 "手机摄影构图大全"的推送内容

从图中不难看出,这个手机摄影的公众号具有自己的特色,主要体现在如图 4-18 所示的 3 个方面。

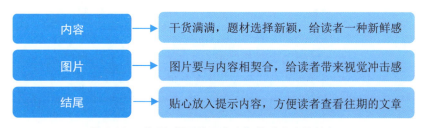

图 4-18 "手机摄影构图大全"推送内容的特色

经总结后,"手机摄影构图大全"找到了自己能够脱颖而出的技巧,即"构图"。从"构图"出发,紧扣热点、采用更加精美的图片作为陪衬,利用"构图连载"等来充实文章内容。如此一来,就可以有效地解决排名下降的问题了。如图 4-19 所示,这是"手机摄影构图大全"调整关键词后的搜索页面,不难看出,在微信搜索界面中,它的排名明显上升了。用绿色标示的字眼是关键词,同时也是读者找到文章的重要依据。

图 4-19　"手机摄影构图大全"的关键词搜索结果页面

**专家提醒**

　　关键词排名的下降往往意味着文章被读者阅读的可能性大大地降低,因此转化的概率也会随之下降。很多人在碰到这种情况时如果置之不理,甚至都没有察觉,那么就会失去打造爆款文案、轻松盈利的机会。

　　因为爆款文案的产生并不仅仅是靠写作,它还要靠细心地经营,唯有写作与经营相辅相成,才能打造出无数盈利的新媒体文案。

# 第 5 章

## 排版：快速提升版面视觉引爆阅读

要想提高文章和网页的点击率，增加平台的关注度与曝光度，新媒体运营者提供的信息就必须让用户感到眼前一亮。而要做到这一点，图片的选择与设计，还有图文的排版就显得尤为重要。本章主要介绍制作美图与文案内容的排版技巧。

▶ 吸引用户的美图制作技巧

▶ 优化图文排版，引爆阅读流量

## 5.1 吸引用户的美图制作技巧

企业要想打造阅读量上10万+的软文，就必须依靠软文的视觉功能，通过图片来获取阅读的点赞率，吸引用户的眼球。在运营的过程中，想要获得10万+的阅读量，就不能忽视这股力量。本节主要介绍文案精美配图的5个吸睛技巧。

### 5.1.1 研究图片颜色搭配的学问

微信、App以及自媒体平台运营者想要让自己的公众号图片吸引读者的眼球，那么所选图片的颜色搭配就要合理。色彩搭配是一门学问，图片的颜色搭配也需要仔细研究。

图片的颜色搭配合适能够带给读者一种顺眼、耐看的感觉，从而提升其阅读体验，得到美的享受。对微信公众号而言，一张图片的颜色搭配需要做到以下3点，具体如图5-1所示。

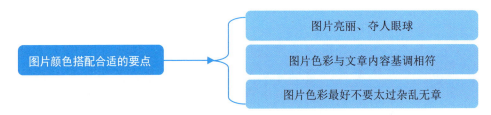

图5-1 图片颜色搭配合适的要点

很多读者在阅读文章的时候都希望能有一个轻松、愉快的氛围，不愿在压抑的环境下阅读，而色彩明亮的图片就不会给读者一种压抑、沉闷的感觉。

至于图片颜色与文章内容基调是否相符，也是在图片的细节处理中需要注意的问题。在微信、App以及自媒体平台上的软文图片处理也是如此。如果公众号推送的内容是比较悲沉、严谨的，那就可以选择与内容相适应的颜色的图片，比如偏于深色系的图片。如果这个时候使用太过跳跃的颜色，就会破坏文章的整体效果。

### 5.1.2 保证图片尺寸，做好高清选择

图片除了需要注意颜色的选择之外，还应该选择合适的尺寸。因为一张合格、优秀的图片，不仅要协调、柔和，而且还要看得清，且尺寸大小符合读者的预期。

"图片尺寸"，实际上指的不仅仅是图片本身的尺寸（即像素），同时还代表着排版中的图片展示。软文中的图片在排版中的尺寸大小一般都被限制在了固定的范围之内，不可能做太大的调整。因此，为了保持图片的清晰度，就必须保

证图片本身的尺寸大小，以提高图片的分辨率，这是保证图片高清的较好选择。

然而，图片高清显示的容量大小又与读者点击阅读软文信息时的体验息息相关。因此，在保持图片的高分辨率、不影响观看、顺利上传以及能够快速打开的情况下，怎样处理图片容量大小就成了一个十分关键的问题。关于这一问题，我们可以通过两种方法来解决，即 QQ 截图和画图工具，在此用画图工具来调整图片尺寸为例来进行介绍，具体步骤如下。

步骤 01 选择"开始"｜"程序"｜"附件"｜"画图"命令，打开"画图"工具，如图 5-2 所示。在软件界面中，❶点击 ▦▾（画图）下拉按钮；❷在弹出的下拉列表中选择"打开"选项即可在打开的对话框中选择需要修改的高清照片并打开，如图 5-3 所示。

图 5-2 "画图工具"界面　　　　图 5-3 打开高清图片

步骤 02 执行上述操作后，就会看到高清大图，❶点击 ▦▾（画图）下拉按钮；❷在弹出的下拉列表中选择"另存为"选项；❸在弹出的"另存为"窗格中选择"JPEG 图片"选项保存图片，如图 5-4 所示。通过查看属性可知，保存的图片比原图的大小和占用空间要小得多。

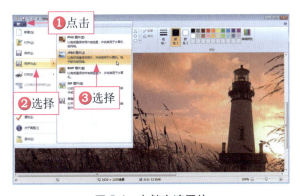

图 5-4 存储高清图片

### 5.1.3 两大方面关注单图与多图

对于如何安排图片数量这一问题，根本的依据还是在于文章的内容。不同的文章有不同的体例、形式以及侧重点，要想让图文完美搭配不是一件易事，那么，又应该怎么来设置图片的数量呢？

关于图片的数量这一问题，大致可以从两方面来理解——新媒体账号推送图文的多少和文章中排版所用图片的多少。下面将就这两个方面进行具体介绍。

**1. 推送图文的多少，文章的数量**

推送图文的多少是指一个新媒体平台每天推送的文章的多少。细心的读者会发现，有的新媒体账号每天会发送好几篇文章。而有的新媒体账号每天只会推送一篇文章，甚至隔几天或者一段时间才发一篇文章。

新媒体账号推送的图文越多，所用的封面图片就会越多；推送的图文越少，所用的封面图片也就越少。

**2. 文章排版所用图片的多少，配图数量**

每个新媒体账号都有属于自己的特色，有的在文章内容排版时会选择使用多图片的形式，有的则只会选择使用一张图片。文章内容多图片、少图片的排版方式会给读者带来不一样的阅读体验，它们的区别体现在如图 5-5 所示的两个方面。

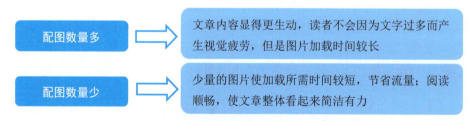

图 5-5　多图与少图排版方式的阅读体验区别

对于文章内容本身来说，多图片还是少图片，也是有一定判断标准的。有的文章可能不需要太多的图片进行辅助说明，只是起到一个丰富形式的作用，那么就只用一到两张图片就好；有的文章则必须要用多张图片来解释说明，才能将文章内容传达给读者。这就是为什么要根据文章内容安排图片数量的原因。

## 5.1.4 两种方法积极给图片"化妆"

企业、个人在进行新媒体运营的时候，是离不开图片的点缀和美化的。图片是让新媒体平台的软文内容变得生动的一个重要武器，会影响到文章的阅读量。因此，当企业或个人利用图片给文章增色的时候，也可以通过一些方法给图片"化妆"，让图片更加有特色，吸引更多的读者。

编辑给图片"化妆"，可以通过多种方式使得原本单调的图片变得鲜活起来。那么，具体而言，有哪些方式可以让图片更加精美，更容易吸引眼球呢？下面为大家详细介绍两种方法。

### 1. 图片拍摄设置，亮眼图片一招搞定

新媒体平台使用的照片来源是多样的，有的平台使用的图片是企业或者个人自己拍摄的，有的是从专业摄影师或其他地方购买的，还有的是从其他渠道免费得到的。对于自己拍摄图片的这一类新媒体运营者来说，只要在拍摄图片时，注意拍照技巧的运用、拍摄场地布局以及照片比例布局等，就能使得图片达到理想的效果。

### 2. 图片后期处理，众多软件助力美图

新媒体平台运营者在拍完照片后如果对图片不是太满意，还可以选择借助后期的力量对图片进行美化处理。现在用于图片后期处理的软件有很多，我们可以根据自己的实际技能水平选择图片后期软件，通过软件让图片变得更加夺人眼球。笔者在这里想为大家介绍几款好用的后期软件，如图5-6所示。

图5-6 简单实用的后期处理软件

## 5.1.5 长图文宣传和推广新品更有效

除了动图，长图文也是为文章内容加分的一种形式，以图片加文字的漫画形式描述内容，其发布的文章阅读量都非常高，很多著名的品牌企业也经常运用这种方式来宣传和推广自己的新品。长图文是促使各种新媒体平台获得更多关注、吸引更多粉丝的一种好方法，其主要优势体现在如图 5-7 所示的 3 个方面。

图 5-7　长图文的优势

既然长图文的效果这么好，那么我们应该怎么设计这种冲击力巨大的图片形式呢？长图文的设计有两种方法，一种是直接设计长图，一种是先设计小图再拼接。直接设计长图比较复杂，还要用到 Photoshop 软件。因此相对而言，设计小图再借用工具进行拼接比较简单。不过，值得庆幸的是，创客贴提供了制作信息长图的良好平台，既可以直接根据模板设计长图，又可以自己将小图进行拼接制成长图。

## 5.2　优化图文排版，引爆阅读流量

运营者在新媒体平台上编辑图文时，可以设置图文的字体格式，让字体格式更加美观、有特色。字体格式设置涉及的主要内容包括字号大小、文字是否加粗、文字是否倾斜和字体颜色等操作，接下来将为大家介绍设置文字格式的操作过程。

### 5.2.1　挑选合适大小的字号

文字字号，有大小之别，运营者可以根据需要设置合适的字号。那么，图文消息中的文字字号是怎样进行设置的，什么样的字号才是合适的？接下来将针对这些问题进行详细论述。下面以微信公众平台为例来介绍设置字号大小的操作。

进入后台的"素材库 / 新建图文消息"页面，在已经编辑好的图文消息中，❶选中要设置字体格式的文字；❷点击上方"字号"右侧的下拉按钮，执行以上操作后，可以在弹出的下拉列表中看见 7 种字号大小的选项，微信公众号后

台的图文消息的字号大小默认为 16px，这里将字号设置为 14px；❸选择 14px 选项，如图 5-8 所示。执行操作后，选中的文字其字体大小就会变成 14px 的，其效果展示如图 5-9 所示。

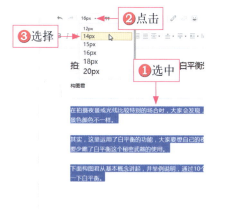

图 5-8　选中文字和选择字号　　　　图 5-9　将字号设置为 14px 的效果

给文章的内容选择合适的字体大小，也是微信公众号排版工作中需要考虑的一个事项。合适的字体大小能让读者在阅读文章的时候不用将手机离自己的眼睛太近或太远，而且合适的字体大小能让版面看起来更和谐。

上面已经提及，微信公众平台提供了 7 种不同大小的字体设置选项，而考虑读者视觉的观感问题，14px、16px、18px 和 20px 这几种字号的文字看起来会比较舒服，因此在设置文字字体大小时，可以在这几种字号中进行选择。

## 5.2.2　字体加粗更显瞩目

运营者设置好字号大小之后，还可以给字体设置是否加粗。笔者在这里将以上一例中的部分文字为例，为大家介绍将其字体加粗的具体操作方法。

同样的，❶运营者需要选中该段文字；❷然后点击上方的"加粗"按钮，如图 5-10 所示，执行以上操作后，该段文字的字体就会加粗，其效果如图 5-11 所示。

图 5-10　选中文字并点击"加粗"按钮　　图 5-11　字体设置加粗后的效果

## 5.2.3　字体颜色和谐搭配

如果有需要的话，运营者还可以为文字设置字体颜色，笔者在这里将以图 5-12 中的部分文字为例，为大家介绍设置字体颜色的操作方法。

**步骤 01**　❶选中要设置颜色的文字，如图 5-12 所示；❷点击上方的"字体颜色"按钮旁的下拉按钮，运营者就可以在弹出的下拉列表中看见很多种颜色；❸运营者选择颜色色块（如"#ff0000"），如图 5-13 所示。

> **专家提醒**
> 
> 上面提及的"#ff0000"颜色色块，其实就是 RGB 表示法，只是这里采用的是十六进制颜色表示法，前二位（ff）表示红色，中间二位（4c）表示绿色，最后二位（41）表示蓝色。

图 5-12　选中文字　　图 5-13　选择颜色

**步骤 02** 执行上述操作后，这个颜色便会运用到选中的文字上，效果如图 5-14 所示。

图 5-14　为字体设置颜色效果

### 5.2.4　文字间距无须紧凑

文字排版中，文字间距很重要，尤其是对于用手机浏览文章的微信用户来说。文字间距要适宜，主要指的是文字 3 个方面的距离要适宜，即字符间距、行间距和段间距，关于这 3 种文字间距，具体分析如下。

#### 1．字符间距

字符间距指的是横向的字与字的间距，字符间距宽与窄会影响到读者的阅读感觉，也会影响到整篇文章篇幅的长短。

在一些新媒体平台后台，并没有可以调节字符间距的功能按钮，所以运营者如果想要对平台上的文字进行字符间距设置的话，可以先在其他的编辑软件上编辑好，然后再复制和粘贴到该平台的文章编辑栏中。

字符间距的设置，可以根据个人的喜好进行调整。字符间距宽，同样字数的一段话，它所占的行数就会多，相反则会少。

#### 2．行间距

行间距是指文字行与行之间的距离，行间距的多少决定了每行文字纵向的距离，也会影响到文章的篇幅长短。微信公众号这一新媒体平台上的行间距排版功能，提供的可供选择的行间距宽窄有 7 种，具体位置如图 5-15 所示。基于读者的阅读体验，一般会将行间距设置在 1.5 倍到 2 倍之间，其排版效果相比起来视觉体验会较好。

图 5-15　微信公众平台的行间距选项

### 3．段间距

文字的段间距指的是段与段之间的距离，段间距的多少也同样决定了每段文字间纵向间的距离。在微信公众号后台，图文消息的段间距设置分为段前间距与段后间距两种，如图 5-16 所示。

图 5-16　微信公众平台的段前间距与段后间距功能

## 5.2.5　添加超链接提供内容

运营者在编辑图文消息的过程中，为了对已发表的内容进行推广和方便读者拓展阅读，就需要用到新媒体平台上的超链接功能了。那么，插入超链接是如何设置的呢？下面将介绍具体的操作方法。

步骤 01　❶选中要插入超链接的内容；❷点击"超链接"按钮，如图 5-17 所示，执行操作后，弹出"编辑超链接"对话框，显示了输入超链接的两种方式，即"输入网址"和"查找文章"；❸笔者选择"查找文章"单选按钮，切换到相应页面；❹点击"从本公众号已群发的消息中进行选择"按钮，如图 5-18 所示。

图 5-17　选择内容并点击"超链接"按钮　　图 5-18　通过"查找文章"方式输入链接

**步骤 02**　执行上述操作后进入相应页面，❶点击与链接内容符合的文章名称；❷点击"确定"按钮，如图 5-19 所示，即可完成插入超链接的操作。插入超链接设置完成后，其设置效果如图 5-20 所示。

图 5-19　选中链接的文章　　　　　　　图 5-20　插入超链接效果

## 5.2.6　添加多彩背景色

微信公众号后台默认的背景是白色的，如果运营者想要为图文信息或其中的某一部分添加背景色，可以通过"背景色"功能按钮来设置，其操作方法与设置字体颜色的方法类似。运营者要先选中内容，❶点击上方的"字体颜色"按钮旁的下拉按钮，可以在弹出的下拉列表中看见很多种颜色；❷选择颜色色块，如图 5-21 所示。执行以上操作后，这个颜色便会运用到选中的内容上，效果如图 5-22 所示。

图 5-21　选中内容并点击相应颜色色块

图 5-22　为图文内容设置背景色效果

### 5.2.7　斜体说明突出细微

设置完字体加粗后，还可以给文字设置成斜体。这里将为大家介绍将一段文字设置成斜体的操作方法。❶选中一段文字；❷点击上方的"斜体"按钮，如图 5-23 所示。执行以上操作后，该段文字就会变成斜体，效果如图 5-24 所示。

图 5-23　选中文字并点击"斜体"按钮

图 5-24　字体设置成斜体后的效果

## 5.2.8 分隔线突出关键

在新媒体平台上对图文内容进行排版时，可以利用分隔线（有些平台将其称为"分割线"）把有些内容区分开来，这样，当文字内容较多的时候，才不会错看，且能很好地提升读者的阅读体验。下面介绍添加分隔线的操作方法。

移动鼠标，❶定位至段与段之间的空白位置；❷点击"分隔线"按钮，如图 5-25 所示。执行以上操作后，即可在鼠标指针所在行上方插入分隔线，如图 5-26 所示。

图 5-25 定位鼠标并点击"分隔线"按钮

图 5-26 添加分隔线效果

## 5.2.9 保存并群发推文

运营者编辑完图文消息之后，就可以发送给平台粉丝了。对有些平台来说，图文内容的发送并不是一个简简单单的动作，而是需要运营者对发送方式进行选择，如在微信公众平台后台可选择发送的对象；在简书平台可选择发送的专题，而有些平台可选择发送的领域等。在此，笔者以微信公众平台为例介绍图文内容发送的操作。

图文内容编辑完成并预览后，❶点击"保存并群发"按钮，如图 5-27 所示，进入"首页/新建群发消息"页面；❷设置图文信息的"群发对象""性别"和"群发地区"3 个选项；❸点击该页面下方的"群发"按钮，如图 5-28 所示，即可将图文消息成功推送给平台粉丝。

图 5-27  点击"保存并群发"按钮　　　　图 5-28  "群发功能"页面

# 第 6 章

## 设计：极具创意的新媒体美工广告

学前提示

图片和文字是商家进行微信公众号运营时的主要武器，一张合适的图片与有干货技巧的文章，可以吸引更多的人来关注。好的图文设计能给微信公众平台的读者带来愉悦的视觉效果，也能有效提高平台的知名度。

要点展示

▶ 新媒体美工的设计原则
▶ 新媒体美工广告设计

## 6.1　新媒体美工的设计原则

在设计一个新媒体界面时，通常包含了太多的元素，这些元素的布局没有固定的章法可循，主要靠设计师的灵活运用与搭配。只有在大量的设计与实践中熟练运用，才能真正理解版式布局设计的形式与原则，并加以运用，从而创作出优秀的新媒体广告作品。

### 6.1.1　对称与均衡

对称又称"均齐"，是在统一中求变化；均衡则侧重在变化中求统一。对称的图形具有单纯、简洁的美感，以及静态的安定感，对称给人以稳定大方的感觉，产生秩序、理性、高贵、静穆之美。对称的形态在视觉上有安定、自然、均匀、庄重、完美的朴素美感，符合人们通常的视觉习惯。

在画面上，对称与均衡产生的视觉效果是不同的，前者端庄静穆，有统一感、格律感，但如过分均等就容易显得呆板；后者生动活泼，有运动感，但有时因变化过强而容易失去平衡。因此，在设计中要注意把对称、均衡两种形式有机地结合起来灵活运用，如图6-1所示。

图 6-1　对称与均衡的布局表现形式

该商品的详情页面中使用左右对称的形式进行设计，但不是绝对的对称，画面中的布局在基本元素的安排上赋予固定的变化，对称均衡，更灵活、更生动，是设计中较为常用的表现手段，具有现代感的特征，也让画面中的商品细节与文字搭配更显得自然和谐。

在设计中，常用的版式布局的对齐方式有左对齐、右对齐、居中对齐和组合对齐，各自具体的特点如下。

左对齐：左对齐的排列方式有松有紧、有虚有实，具有节奏感，如图6-2所示，该图为微博广告设计图，文字使用左对齐的方式排列，与人物的动作互相弥补，让版面整体上具有很强的节奏感。

右对齐：右对齐的排列方式与左对齐相反，具有很强的视觉性，适合表现一些特殊的画面效果，如图6-3所示，该图为微博闪屏广告图，其文字与设计元素都使用右对齐的方式，整个画面的视觉中心向右偏移，让人们的视觉集中在下方的产品上，并且整个色调搭配和谐，给人舒适的视觉感受。

居中对齐：是指让设计元素以中心轴线为对称中心的对齐方式，可以让顾客视线更加集中，具有庄重、优雅的感觉，如图6-4所示的今日头条闪屏广告，文字与设计元素都使用居中对齐的方式，给人带来视觉上的平衡感。

图6-2　左对齐布局示例

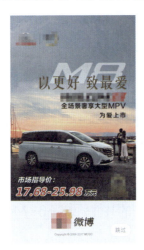

图6-3　右对齐布局示例

图6-4　居中对齐布局示例

## 6.1.2　节奏与韵律

节奏与韵律是有规律的重复、有组织的变化现象，是艺术造型中求得整体统一和变化从而形成艺术感染力的一种表现形式。韵律是通过节奏的变化来产生的，对于版面来说，只有在组织上符合某种规律并具有一定的节奏感，才能形成某种韵律。

例如，图6-5所示为今日头条广告图，3幅图片的色彩和布局统一，相同形式的构图体现出画面的韵律感，而每个画面中的文字形态和内容又各不相同，这样又表现出节奏上的变化，让广告信息的展示显得更加轻松。

图 6-5 节奏与韵律的版面布局表现形式

### 6.1.3 对比与调和

从文字含义上分析，对比与调和是一对充满矛盾的综合体，但它们实质上又是相辅相成的统一体。在新媒体广告设计中，画面中的各种设计元素都存在着相互对比的关系，但为了找到视觉和心理上的平衡，设计师往往会在不断地对比中寻求能够相互协调的因素，让画面同时具备变数和和谐的审美情趣。

- 对比：对比是差异性的强调。对比的最基本要素是显示主从关系和统一变化的效果，如图 6-6 所示的红绿对比配图。
- 调和：调和是指适合、舒适、安定、统一，是近似性的强调，是两者或两者以上的要素之间具有的共性，如图 6-7 所示。

图 6-6 对比布局的表现形式　　　图 6-7 调和布局的表现形式

对比与调和是相辅相成的，在网店的版面构成中，一般整体版面宜采用调和，局部版面宜采用对比。

## 6.1.4 重复与交错

重复是指在网店的版面布局中，不断重复使用相同的形象，甚至它们的形状、大小、方向都是相同的。重复使设计产生安定、整齐、规律的统一。

但重复构成后的视觉感受有时容易显得呆板、平淡、缺乏趣味性。因此，我们在版面中可安排一些交错与重叠，打破版面呆板、平淡的格局。

## 6.1.5 虚实与留白

虚实与留白是网店的版面设计中重要的视觉传达手段，主要用于为版面增添灵气，制造空间感。两者都是采用对比与衬托的方式将版面中的主体部分烘托出来，使版面结构主次更加清晰，同时也能使版面更具层次感。

留白即指版面中未配置任何图文的空间，在版面中巧妙地留出空白区域，使留白空间更好地衬托主体，将读者视线集中在画面主题之上。留白的手法在版式设计中运用广泛，可使版面更具有空间感，给人丰富的想象空间，如图6-8所示。

图 6-8 虚实相生强调主体的版面布局表现形式

## 6.1.6 图片布局处理

在新媒体界面设计的过程中，图片是除了文字外的另一个重要的传递信息途径，也是网络销售和微营销中最需要重点设计的一个设计元素。图片比文字的表现力更直接、更快捷、更形象、更有效，可以让信息传递更简洁。

### 1. 裁剪抠图，提炼精华

在设计新媒体界面时，大部分的图片都是由摄影师拍摄的照片，它们在表现形式上大部分是固定不变的，或者是内容上只有一部分符合装修需要，此时就需要裁剪图片或者对图片进行抠图处理，使它们符合版面设计的需求，如图6-9

所示将咖啡杯从繁杂的背景图中抠取出来,并适当地组合,让杯子也有了新的含义,让顾客能够对商品的展示具有非常积极的作用,也让商品的外形、特点更加醒目,避免过多的信息影响顾客的阅读体验。

图 6-9　抠图并重新布局商品图片

## 2. 缩放图片,组合布局

对于同一种商品照片的布局设计来说,如果进行不同比例的缩放,也会获得不同的视觉效果,从而突显出不同的重点。图 6-10 所示为某女鞋的详情页,将图片进行缩放,展示出商品的细节,让顾客对商品的材质了解得更清楚,真实地还原商品的质感,更容易获得顾客的认可,给人逼真的触感。

图 6-10　缩放图片进行组合布局

需要注意的是,新媒体界面设计与普通的网页设计不同,它需要重点展示的是商品本身,并宣传商家的理念。因此,在设计过程中,可以适当对商品图像进行遮盖,可以让商品的特点得以突显,从而获得顾客更多的关注,如图 6-11 所示。

图 6-11 适当隐藏部分商品图像

## 6.2 新媒体美工广告设计

在新媒体时代，各类信息都争先想要进入消费者的眼中。图片相对于其他的信息更有优势，而且丰富的颜色可以让人第一眼注意到它，运用适当的技巧来设计你的图片，可以让你的文章更加出彩。本节主要介绍一些新媒体的图文设计方法。

### 6.2.1 封面图的设计

封面图有着引导读者点开链接、了解链接详情的重要作用。下面笔者以创客贴为例，介绍制作封面图的方法。创客贴是一款非常简单的在线平面设计工具，它不需要下载客户端，可以直接在浏览器中编辑，平台提供了大量的模板与图片素材，只要简单地拖曳就可以轻松制作出精美的效果。

步骤 01 进入创客贴首页，点击"开启设计"按钮，进入模板挑选页面，如图 6-12 所示。

图 6-12 模板挑选页面

步骤 02　各类模板根据使用的场景进行划分，每个类别又以不同平台不同尺寸来划分，选择好喜欢的模板后，按照提示登录，即可进入到设计页面，如图6-13所示，此处选择的是"官方公众号首图"中的一个模板，页面的左侧是"素材分类区"，中间是"设计操作区"，右侧则是"页面管理区"。

图6-13　设计页面

步骤 03　修改文字信息。❶双击文字，可修改文本内容；如果对字体格式不满意，可以在"设计操作区"上方修改相应的格式。❷包括字体颜色、字体、字号、样式、对齐方式、字间距、行间距、透明度、复制、删除等；或者❸点击左侧的"文字"按钮；❹可以在其中挑选字体模板，只需点击选择的字体，字体就会出现在"设计操作区"中央，再修改文字信息即可，如图6-14所示。

图6-14　修改文本内容

步骤 04　修改背景图片。点击背景，图片变为可编辑状态，可在左侧"背景"面板中挑选纯色、纹理或渐变背景，如图6-15所示。

步骤 05　使用一些图片来作为背景。点击左侧"素材"面板中的"图片"按钮，即可显示大量图片，用户可以从中挑选喜欢的图片作为背景，如图6-16所示。

图 6-15 背景界面　　　　　　图 6-16 图片素材界面

步骤 06　如果想用自己已有的图片，可以❶点击左侧的"上传"按钮，用电脑或者手机上传图片；上传完成后，❷图片会显示在左侧，点击上传的图片，即可将其添加到"设计操作区"；❸调整图片的位置与大小，再根据需要调整其他元素的位置，即可完成设计，如图 6-17 所示。

图 6-17 调整背景

步骤 07　当有新的元素添加至"设计操作区"时，会直接叠加在最上方，如果要将新元素放置在底层的话，可以❶点击"设计操作区"右上方的"图层"按钮；❷在弹出的下拉列表中可以设置新元素的图层顺序，如图 6-18 所示。

图6-18 移动图层列表框

**步骤 08** 如果觉得画面较空，也可以试着添加一些其他的元素，如线条、形状、图标等，挑选一些元素进行适当的组合，如图6-19所示。如果已经确定主题，也可以直接在搜索框中搜索关键词，即可搜索出很多相关内容，如图6-20所示。

图6-19 "素材"界面　　　　图6-20 "检索"界面

**步骤 09** 制作完成后，可以❶点击"设计操作区"下方的预览按钮；❷对封面图进行预览，看标题是否会遮挡住封面图的信息，如图6-21所示；但需要注意的是，只有在编辑微信封面图时才能预览。

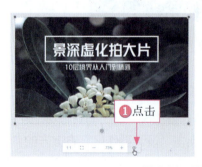

图6-21 预览微信封面图

**步骤 10** 确认无误后，在界面左上方选择"文件"|"保存"命令，即可将文件保存到"设计管理"，方便以后再次调用，如图6-22所示。

图 6-22　保存封面图

步骤 11　完成后可以下载图片保存到电脑，❶点击右上方的"下载"按钮；❷弹出"下载作品"对话框；❸设置需要的图片格式；❹点击"确认下载"按钮，如图 6-23 所示。

图 6-23　下载封面图

步骤 12　如果想要将自己的作品分享到其他平台，可以❶点击右上方的"发布分享"按钮；❷弹出"分享设计"对话框；❸生成图片链接，复制链接发布到其他平台，也可以直接分享至对话框下方的三个平台之一，如图 6-24 所示。

图 6-24　分享封面图

## 6.2.2 信息长图的设计

信息图原本是新闻编辑用来对一个新闻事件的过程进行解读的图片，长图可以直接用软件设计，也可以设计多张小图，拼接后变成一张长图。下面以"创客贴"为例，介绍制作信息长图的方法。

### 1. 设计单张的小图再拼接

**步骤 01** ❶在右侧"页面管理区"点击底部的加号；❷新建并设计多张图片，如图 6-25 所示。

**步骤 02** 设计完成后，选择"文件"|"保存"命令，再点击"下载"按钮，❶在弹出的"下载作品"对话框中；❷选中"无缝"单选按钮；❸再点击"确认下载"按钮，如图 6-26 所示，即可获得拼接后的长图。

图 6-25 新建多张图片

图 6-26 "下载作品"对话框

### 2. 直接使用模板设计长图

**步骤 01** 挑选好模板后，点击进入编辑界面，如图 6-27 所示。

图 6-27 "页面管理区"界面

**步骤 02** 图表则用"百度图说"工具来制作。进入"百度图说"首页，点击"开始制作图表"按钮，按提示登录，再点击"创建图表"按钮，将会弹出相应对话框，在对话框中根据不同性质的数据选择合适的图表样式，如图6-28所示。

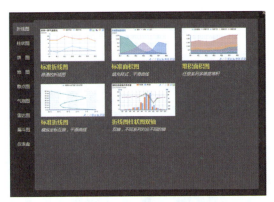

图6-28 不同的图表样式

**步骤 03** 此处选择的是"标准折线图"图表样式。进入图表编辑界面，当鼠标光标移至图表中时，图表左上方会显示相应的按钮，点击"数据编辑"按钮，如图6-29所示，界面的左侧会弹出"数据编辑"面板，如图6-30所示，通过双击鼠标左键来对表格名称、数值的修改可以直接影响折线图的变化。

**步骤 04** 点击图表左上方的"数据编辑"按钮，在弹出的面板中，可以对图表的尺寸、颜色、位置、标题等细节进行相应的设置，如图6-31所示。图表默认是透明的背景，如果信息长图的背景有色彩变化，笔者建议将图表的背景设置为白色，在"参数调整"面板选择"基础"|"通用"|"图整体背景颜色"命令，会弹出相应对话框，在对话框中可以设置需要的色彩，如果对调整后的色彩不满意，也可以点击对话框右下角的⊠按钮清除颜色，如图6-32所示。

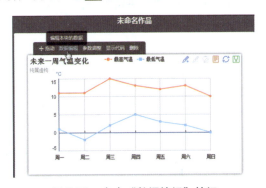

图6-29 点击"数据编辑"按钮

图 6-30　弹出"数据编辑"面板

图 6-31　设置相应参数

图 6-32　清除颜色

**步骤 05**　图表制作完成后，点击图表右上方的 图标进行保存，进入图表预览，在图表中点击鼠标左键，即可下载图表，将下载后的图表上传至"创客贴"，再将图表添加至信息长图页面中即可。

### 6.2.3　九宫格图片设计

九宫格图片是由九个方格形的图片拼接组成的，根据这种特性，可以制作出一些有创意的图片，如图 6-33 所示为"小肥羊餐厅"的九宫格宣传海报。

图 6-33　"小肥羊餐厅"的九宫格宣传海报

下面以电脑端的"美图秀秀"为例,介绍制作九宫格图片的方法。

**步骤 01** 在"美图秀秀"中打开一张需要制作九宫格的图片,❶点击"九格切图"标签;❷点击"更多"按钮,如图6-34所示;❸进入"九宫格"界面;❹设置相应画笔形状与滤镜;❺点击"保存到本地"按钮,如图6-35所示。

图6-34 点击"更多"按钮

图6-35 点击"保存到本地"按钮

**步骤 02** ❶弹出"保存"对话框;❷选中"保存9张切图"单选按钮;❸点击"确定"按钮,如图6-36所示;设置保存位置后即可保存图片,再次打开一张图片,❹并适当裁剪;❺点击左侧的"应用"按钮,应用裁剪;❻再点击右上方的"保存分享"按钮,如图6-37所示。

图 6-36 点击"确定"按钮

图 6-37 点击"保存分享"按钮

**步骤 03** ❶弹出"保存与分享"对话框；❷点击"保存"按钮，保存图片，如图 6-38 所示；将裁切好的图片发送到手机，并按顺序点击图片，并用裁剪后的图片替换"_4.jpg"图片，编辑并发表，❸即可制作出九宫格效果，如图 6-39 所示。

图 6-38 点击"保存"按钮　　　　　图 6-39 九宫格图片效果

## 6.2.4 海报图片的设计

简拼是由广州美人信息技术有限公司于 2014 年 9 月推出的一款记录美好、抒写情怀的拼图 App，其模板偏简约文艺风，并且包含简约、便签、封面、拼接、名片和明信片等多种类型的模板。

**步骤 01** 进入简拼 App，❶点击界面下方的 按钮，如图 6-40 所示，进入到模板挑选界面；❷选择合适的模板并点击，如图6-41所示。

图6-40 点击相应按钮

图6-41 点击相应模板

步骤 02 进入照片选择界面，❶选择相应图片；❷点击"下一步"按钮，如图6-42所示，进入模板编辑界面，用户可以根据需要替换相应图片；❸点击二维码图片，如图6-43所示。

图6-42 点击"下一步"按钮

图6-43 点击二维码图片

步骤 03 进入相应界面，❶提示用户需要先保存二维码图片，并且有相应的图片教程，保存二维码后，返回简拼App界面；❷点击界面底部的 ➕ 按钮，如图6-44所示；❸按提示选择并添加二维码图片，二维码中心位置会出现一个小方框；❹点击此方框，如图 6-45 所示。

图 6-44　点击相应按钮

图 6-45　点击白色方框

步骤 04　将会进入图片选择界面，用户可以选择自己的头像图片作为二维码中心的图片，也可选择其他的图片，❶按提示添加图片；❷点击界面底部的图标，如图 6-46 所示，返回模板编辑界面；❸此时更换好的二维码出现在画面中，运用以上同样的方法；❹更换人物的头像，如图 6-47 所示。

步骤 05　点击相应文字，❶弹出输入文本框，修改相应文本内容，修改完成后，❷点击✓按钮确认修改，如图 6-48 所示。运用同样的方法，修改其他文本内容，修改完成后，❸点击右上角的图标，如图 6-49 所示。

图 6-46　点击相应图标

图 6-47　更换人物的头像

图 6-48　确认修改　　　　　图 6-49　点击相应图标

**步骤 06**　弹出三个按钮，❶点击"保存到本地"按钮，如图 6-50 所示；进入个人主页，❷系统提示海报名片制作完成，如图 6-51 所示，用户也可根据需要分享至各大新媒体平台。

图 6-50　点击"保存到本地"按钮　　　图 6-51　提示制作完成

## 6.2.5　Logo 标志的设计

Logo 是徽标或者商标的外语缩写，是 Logotype 的缩写。Logo 的存在，可以使拥有此商标的公司能更好地被识别与推广，并且通过形象的商标，可以让消费者记住公司主体和品牌文化。下面以"创客贴"为例，介绍制作 Logo 标志的方法。

步骤 01 新建一个空白的Logo模板图像,点击"素材分类区"的"图形"按钮,展开"图形"面板,在其中❶选择相应图形;❷图形将显示在画笔中央,如图6-52所示。

图6-52 显示图形

步骤 02 ❶适当缩小并旋转图像,移至合适位置;❷点击"设计操作区"上方的"复制"按钮;❸复制图形,如图6-53所示;❹旋转图像后,移至合适位置,如图6-54所示。

图6-53 复制图形　　　　　　　图6-54 旋转后移动图形

步骤 03 用同样的方法制作出其他的图形,如图6-55所示,❶选择最上方的图形;❷点击"设计操作区"上方的颜色方块,在弹出的列表框中选择合适的颜色;❸更改图形颜色,如图6-56所示。

**专家提醒**

当有多个图像在画面中时,移动各个图像,画布中会出现一些虚线段,这些线段相当于Photoshop中的辅助线,可以帮助用户快速找到合适的位置。

图 6-55 制作出其他的图形

图 6-56 更改图形颜色

步骤 04 ❶点击"文字"按钮,切换至相应面板;❷点击左上方的"添加标题文字"按钮;❸"设计操作区"将出现一个文本框,如图 6-57 所示;❹修改相应文本,并为其设置不同的格式,如图 6-58 所示,即可完成 Logo 设计。

图 6-57 出现文本框

图 6-58 修改相应文本

# 第 7 章

## 运营：百万流量打造顶级微信平台

微信是月活跃用户突破十亿的重量级社交媒体网络平台，它已构成了我们生活的一部分。现如今，仍有大量的商家、企业和个人期望入驻微信平台。

所以，本章将为大家介绍微信公众号、朋友圈和小程序的运营技巧，让你全方位、深层次的玩转微信平台。

- ▶ 公众号运营让你轻松引爆粉丝流量
- ▶ 朋友圈运营的 5 个软文发布技巧
- ▶ 小程序运营为用户提供便捷服务

## 7.1 公众号运营让你轻松引爆粉丝流量

近年来,不论是在传统商家、企业,还是个人群体中,都有人相继进军微信公众营销领域。下面将为大家介绍微信公众号的运营知识。

### 7.1.1 3个准备,让内容更丰富

在平台中进行内容编辑之前,需要做哪些准备工作呢?接下来为大家介绍平台内容编辑前的准备工作。

**1. 素材网站**

对于微信公众平台来说,不可能每一条微信图文消息都是原创的,那样既浪费时间又浪费精力,因此微信公众平台运营者必须了解几个适宜的素材来源网站,以下是几个素材来源网站,具体如图7-1所示。

图7-1 素材来源网站

**2. 内容提供者**

运营者在编辑平台文章之前需要先弄清楚平台文章内容有哪些信息提供者,弄清楚这个,运营者就能够清楚向哪些人群收集平台的内容。文章内容可以从以下3类人群去着手收集,具体如图7-2所示。

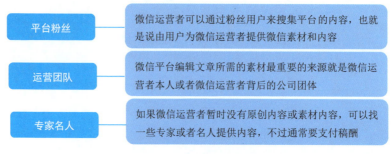

图7-2 运营者可着手收集内容的3类人群

### 3. 收集技巧

很多运营者在微信公众平台运营过程中都会碰到一个棘手的问题，那就是微信内容。很多运营者对公众号的运营就是建个账号、发点新闻或者搞笑段子而已，而通常这种纯广告式的微信公众平台是没有什么价值的，用户的关注度也不高。

那么什么样的内容比较容易吸引用户呢？当然是那些建立在满足用户需求上的内容更加吸引人，因此，运营者必须使自己推送的微信内容与用户需求信息保持一致，才能达到预想的效果。

那么平台内容收集有哪些技巧呢？笔者总结了以下 5 个技巧：从用户感受着手；从用户需求着手；提升自身专业素养；为用户提供优惠；善于运用资源。

## 7.1.2　5 个技巧，让内容称"王"

运营者在撰写文章的时候，如果要想让自己的文章能够收获更多的阅读量，那么就必须掌握一定的技巧。运营者需要掌握的内容技巧有以下 5 个方面。

### 1. 写作必知的禁忌

随着微信时代的到来，各种微信营销信息也随之泛滥，太多没有价值的垃圾信息混杂进来，占据大众的视线和时间。运营者要想让自己的文章能吸引读者阅读，避开文章写作中的禁忌是很重要的。运营者在进行文章写作不可犯三大禁忌，即内容老旧、信息推送过多、打广告无技巧。

### 2. 注重语言风格

运营者在编写文章的时候要根据运营者所处的行业，以及目标受众来选择适合该公众号的文章语言风格。合适的语言风格能给公众平台的粉丝带来优质的阅读体验。以定位传播搞笑内容的公众号为例，那么它的文章的语言风格就必须要诙谐幽默，并配上一些具有搞笑效果的图片。

### 3. 创建唯美封面

封面是文章非常重要的一部分。一个精美的封面，能够给平台带来的阅读量是不可估量的。对于封面图片的尺寸大小，笔者给出的建议是：900 像素 ×500 像素，如果图片尺寸过大或者过小，容易造成图片被压缩变形，那样出来的效果就会大打折扣了。

### 4. 摘要体现价值

在编辑消息图文的时候，在页面的最下面，有一个撰写摘要的部分，这部分的内容非常重要，因为发布消息之后，这部分的摘要内容会直接出现在推送信息中。

运营者要尽量将摘要写得简洁明了，如果摘要写得好，不仅能够引起用户对文章的兴趣，还能够激发用户第二次点击阅读的兴趣。当微信运营者在编辑文章内容的时候，没有选择填写摘要，那么系统就会默认抓取文章的前 54 个字作为文章的摘要。

### 5. 要点吸引读者

微信公众平台的文章想要吸引用户的眼球，就需要有一定的内容要点，如何让一则文章从众多的推送内容中脱颖而出？

站在用户的立场，第一关注的就是运营者传输的消息和自己切身利益是否相关。也就是说，运营者抓住了受众的需求，就是抓住了受众的眼球。

## 7.1.3 用关键词占领流量入口

运营者要想更全面地深入微信搜索的世界里，就得依靠"关键词"，"关键词"可以决定一篇微信文章是否成功，只要关键词放置得当，就能为企业创造出一定的营销收益。

关键词一般为产品、服务、企业、网站等，可以有一个，也可以有多个。一般来说，微信搜索中关键词类别分别有以下 3 种。

### 1. 核心关键词

所谓"核心关键词"，就是概括微信主题所用的最简单的词语，同时也是搜索量最高的词语。比如，某微信公众号是一个 SEO(搜索引擎优化)服务型的平台，那么该公众号的核心关键词就是"SEO""网站优化""搜索引擎优化"等。

### 2. 辅助关键词

辅助关键词，又称为相关关键词或扩展关键词，主要是对文章内容中核心关键词进行补充和说明，与核心关键词相比，辅助关键词的数量更多更丰富，更加能够说明文章意图，对文章有着优化作用。在微信文章中，运营者可以通过对核心关键词进行相应增删得到辅助关键词。例如，核心关键词"摄影构图"与"技巧"这个词组合后，就产生一个新的辅助关键词"摄影构图的技巧"。

在微信搜索结果展示中，辅助关键词可以有效地增加核心关键词的词频，提高微信页面被检索的概率，从而增加微信流量。具体来说，辅助关键词具有 3 个方面的作用，即补充说明核心关键词、控制核心关键词密度和提高页面检索的概率。

### 3. 长尾关键词

长尾关键词是对辅助关键词的一个扩展，且一般长尾关键词都是一个短句。例如，一家 SEO 服务型的公众号平台的长尾关键词就是"哪家 SEO 服务公司好""平台 SEO 服务优化找谁"等。

长尾关键词的特征是比较长，往往是 2 ~ 3 个词组成，甚至是短语，存在于内容页面，除了内容页的标题，还存在于内容中。公众号平台大部分的搜索流量来自于长尾关键词，越是大中型和门户型平台，长尾关键词的流量占比越高。

## 7.1.4 公众号搜索排名的优化

运营者知道能优化的入口后，就可以进行具体优化操作，下面进行介绍和分析。

### 1. 搜狗搜索入口

微信优化搜狗搜索入口主要是优化搜狗微信搜索入口，那么运营者在该入口上如何优化？笔者为大家简单介绍，搜狗搜索平台的内容收录主要按"关键词匹配"的方向，从标题和内容上进行选取和匹配，下面以图解的形式分析，如图 7-3 所示。

图 7-3 搜狗搜索入口的优化分析

### 2. 微信搜索入口

微信搜索的内容入口目前有 6 个，如图 7-4 所示。

图 7-4　微信搜索的 6 个内容入口

主要根据关键词匹配进行结果的搜索排序，影响微信搜索排名的因素有很多，建议运营者从最根本的优化入口入手，下面以图解的形式分析，如图 7-5 所示。

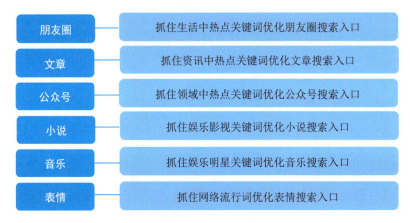

图 7-5　微信搜索内容入口的优化分析

## 7.2　朋友圈运营的 5 个软文发布技巧

在朋友圈运营过程中，如何将文案写得引人注目，是一个自始至终贯穿运营过程中的重大问题，我们必须重视它。

接下来，本节将介绍多种方法帮助大家理清头绪，整理出真正适合朋友圈运营的软文写作方式。

### 7.2.1　要结合热点来撰写

"热点"是什么呢？就是在一段时间内很火的词汇或是某些新闻，甚至是地点、问题和人物。

"热点"之所以"热"，正是由于它的普遍性和全民性。也就是说这些信息不管男女老少，几乎是尽人皆知的。所以当用这些"热点"信息作为文案撰写的引入点时，可能会带来更高的阅读量。

当然，在编辑文案时，最好也可以将这些热点植入标题当中。只有标题有意思，才能带来一定的点击率。

举一个例子，前段时间出了一个新节目叫作"中国有嘻哈"。其中的评委吴亦凡就带火了一句话"请问你有 freestyle 吗"。这句话立马成为那一周的热点，几乎成为朋友圈人人提起的口头禅。如图 7-6 所示，这篇朋友圈文章正是借助"freestyle"热点来吸引流量而写的营销软文。

图 7-6 借助"freestyle"热点来吸引流量而写的营销软文

这样的形式，因为本身的有趣和热点对人们的吸引力，进而受到网友们大量的关注。所以说商户们在写营销软文的时候，可以尽量加入一些新鲜热点，这样不仅符合人们的猎奇心理，还有利于经营销售。

但是要注意的是，"热点"这种东西，具有一定的时效性，它就像是一次性的物品，使用过一次就够了。所以商家应该紧跟潮流，了解分析最近的趋势，过了大势的流行用语就不要再拿出来用了，否则只会让人觉得意兴阑珊。

## 7.2.2 九宫格图片最受欢迎

在朋友圈文案的编写中，除了需要图文并茂以外，还要注意的是，张贴图片同样也有一些技巧。比如，贴多少张图合适？

一般来说配图最好是一张、两张、四张、三张、六张、九张这几个数字。当然，如果可以，九张在营销过程中来说还是最讨喜的。

这样九张的照片在朋友圈中，会显得比较规整一些，版式也会更好看一些。关键是说服力更强，可参考的依据更多。不像五张、七张、八张那样缺胳膊少腿，画面中仿佛缺了一点什么。

所以，如果想利用朋友圈进行营销，那么就需要尽可能地凑齐九张产品配图，方便用户的查看。产品在图中的陈列要清晰明了，重点突出主题与细节，这样才能够吸引到更多的客户来购买商品。如图7-7所示，两位代购利用朋友圈进行产品陈列与销售，所采用的就是九宫格图片展示方式。

图 7-7 代购们的产品陈列

### 7.2.3 利用位置抓住营销优势

在发朋友圈时，有一个特别的功能叫作"所在位置"，你可以利用这个功能定位你的地理位置。更特别的是，我们可以通过这个功能，给朋友圈营销带来更多的突破点。如图7-8所示，这条朋友圈下方的文字就是利用了"所在位置"这一功能，给品牌又打了一次广告。

图 7-8 用"所在位置"功能给品牌打广告的朋友圈

**专家提醒**

一个真正成功的朋友圈商家，应该能够合理利用每一个小细节来进行营销，这个小细节的难度并不高，仅仅是利用微信中自定义位置的功能，就能够成功设置得当。

### 7.2.4 巧妙晒好评，让用户心动

一般来说，提到"好评"，我们立马就会想到淘宝。可是淘宝和微信还是有区别的，微信毕竟是一个相对来说隐私感比较重的私人社交平台。所以说客户给的"好评"，商户们应该发到朋友圈里让所有微信好友都能够看到。

晒好评一方面来说，本来就是一次打广告的机会。它利用截图或者是一切描述性的语言，来涵盖某个品牌、某个商品的信息。其次它可以带来关于某种商品好的评价，让看见这条信息的人了解这个商品的好处，为什么被人们所喜欢。

晒好评和一般的广告不同，因为它不再是自说自话、自卖自夸。它将主动权交到了客户手中，商户自己变成了第三方，不干涉商品与买家之间的直接接触。这样所得来的好评，价值要远远大于商户自己吹嘘与赞扬。

如图 7-9 所示，这是某个护肤品的商家在朋友圈晒单、晒好评的反馈，很明显是十分直白的好评。买家详细地描述了护肤品的气味和功效，十分具有诱惑力和说服力。这种方式同样也可以很轻易地影响到其他卖家的决定。

图 7-9 关于护肤品的反馈

### 7.2.5 增加信息的人情味

多发一些有人情味儿的内容，会使得你在朋友圈好友中脱颖而出，成为朋友圈子中的红人。如何让自己的朋友圈看起来更加具有人情味儿呢？

（1）多发一些与生活息息相关的内容。想要朋友圈中处处充斥着人情味儿，晒生活是最好的助力。并且分享生活中的点点滴滴，也是最容易让人与你产生互动的方法。

（2）在发布新商品时，开展赠送活动。这一行为不仅可以起到宣传新商品的作用，激起微信好友们的热情，聚集人气，还能显现出用户的人情味儿来。

（3）将微信好友们当作亲人对待。很多时候，能够发出有人情味儿朋友圈的前提，就是将受众当作亲人或者是挚友，所发布的朋友圈也尽量能够给对方以一定的帮助。

从营销角度来说，增加朋友圈的人情味儿，也许不能对销售起到直接推动的作用。可是心急吃不了热豆腐，成功的营销不可能一蹴而就，任何细节上的铺垫都不应该被忽视。其实，能够和微信里众多好友中百分之七十建立一个相对来说友好而互相尊重的关系，离成功的营销就不远了。

## 7.3 小程序运营为用户提供便捷服务

虽然微信小程序上线已经许久了，但是，还是有人对微信小程序没有太深刻的认识。那么，微信小程序究竟是什么样的呢？你或许可以从本节内容中，对这个问题有一个比较清晰的认识。

### 7.3.1 关联公众号形成流量循环

微信公众号对于小程序的宣传推广可谓是意义重大，运营者不仅能在公众号的菜单栏和文章内容中直接设置小程序的入口，并对小程序进行宣传，还能让公众号关联的小程序出现在公众号的信息介绍中。

以"手机摄影构图大全"公众号为例，下面介绍两种进入小程序的具体操作。

用户进入该公众号的默认界面之后，❶点击右上方的图标，如图7-10所示，即可进入该公众号的信息介绍界面，而在该界面中赫然列出了"相关小程序"一项，并且出现了该公众号关联的小程序，如图7-11所示；❷如果用户点击该界面中的小程序图标，便可以直接进入小程序。

图 7-10 进入公众号默认界面

图 7-11 点击"相关小程序"

同样的，❶用户在"手机摄影构图大全"小程序中点击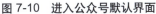图标；❷并在弹出来的选项框中选择"关于手机摄影构图大全"选项，如图 7-12 所示。便可进入如图 7-13 所示的"手机摄影构图大全"界面。而在该界面中，用户同样可以点击"相关公众号"栏目，直接进入小程序关联的公众号。

图 7-12 选择"关于手机摄影构图大全"选项

图 7-13 点击"相关公众号"

由此不难看出，通过信息介绍界面，运营者可以直接打通公众号和与之关联的小程序，从而形成一个流量的循环，促使公众号和小程序的流量一同增长。因此，无论是为了公众号，还是为了小程序，将小程序与公众号关联都是很有必要的。

### 7.3.2 设置福利，让用户自发宣传

当看到"鼓励用户分享转发"这几个字样时，有的运营者可能会有疑惑，因为前面章节中曾提到，微信小程序中是不允许诱导分享的。确实微信"运营规范"中的"行为规范"版块明确指出不能诱导分享。

但是，如果仔细看相关内容就会发现，它只是要求运营者不要在小程序页面中引导用户分享，至于其他地方，如公众号、线下等，微信小程序既没有做出要求，也没有管理的权利，运营者可以放心地鼓励用户分享小程序。

对此，运营者可以把握好机会通过一定的举措鼓励用户分享小程序，如果可以在线下举行一次活动，将小程序的分享次数作为评判的标准，对分享次数较多的用户给予一些优惠。那么部分用户为了获得福利，势必会充当小程序宣传员，帮小程序广发"名片"。

随着微信小程序新功能的开放，运营者还可以借助"社交立减金""社交礼品券"等方式，借助用户的关系网，让微信小程序被更多人认知。如"拼多多"小程序这方面就做得很好，以"拼多多"小程序为例，下面进行简单介绍。

用户进入该小程序之后，会看到如图7-14所示的红包领取对话框。点击进入后，如图7-15所示，需要分享至好友就能获得更多的红包现金。而大多数用户在面对这种情况时，便会通过邀请好友来获取红包，这样也是间接地对电商平台进行宣传。

图7-14 红包领取对话框

图7-15 开红包界面

### 7.3.3 借助市场便利，拓宽流量入口

在没有确定下载对象的情况下，大多数用户在下载App之前都会在应用商

店查看 App 的相关评价，并结合平台的推荐进行选择。同样的道理，许多用户在使用小程序之前都会先在应用市场中进行查看。而且由于用户平时可以接触到的小程序比较有限，所以，许多人都将应用市场作为获得更多小程序的重要途径。正是因为如此，小程序应用市场成为小程序重要的流量入口之一。

小程序应用市场不仅具有一定的流量，更为小程序的推广提供了诸多便利。应用市场中不仅对小程序进行了测评和推荐，而且还可通过二维码的放置为小程序提供流量入口。比如，知晓程序的"小程序商店"界面便设置了"精品设置"这一版块，如图 7-16 所示。

图 7-16　"小程序商店"界面

如果运营者的小程序能够进入这一版块中，并且排在前列，那么，用户进入该应用市场之后便可以看到小程序，这样一来，小程序的曝光率无疑可以大大增加，而小程序的认知度也将获得提高。

### 7.3.4　提供实用性功能，赢得用户青睐

对于用户而言，一款应用程序的价值很大程度上取决于功能的实用性。因此，功能越实用的小程序，越能得到用户的青睐。

虽然在运营者选择领域之后，小程序的功能基本上已经确定了，但是，如果用户是初次使用小程序，那么，他（她）对于小程序实用性的感知基本上来自于小程序的页面设计。

所以，运营者在设计小程序页面时，应尽可能地体现其功能的实用性。这一点对于工具类微信小程序尤其重要。当然，大部分工具类微信小程序在这方面也都做得比较好。

"100 房贷助手"是一款用于计算房贷的小程序，图 7-17 所示为其默认界

面。用户只需点击默认界面中的"添加贷款"按钮，便可进入如图 7-18 所示的"贷款项目"界面。

图 7-17  "100 房贷助手"小程序默认界面　　　　图 7-18  "贷款项目"界面

根据实际情况在"贷款项目"界面输入相关数据之后，便可快速得出如图 7-19 所示的"贷款明细"。除此之外，在"贷款明细"界面点击"提前还款"按钮，还可进入如图 7-20 所示的"提前还款"界面，对提前还款进行计算。

图 7-19  "贷款明细"界面　　　　图 7-20  "提前还款"界面

对于有买房需求和正在为房贷奋斗的人群来说，房贷的计算是一项必要的工作。但是，用一般的计算工具进行计算，相对来说比较麻烦。所以，许多用户都希望可以用上专门的房贷计算工具。而"100 房贷助手"作为一款用于房贷计算的工具，操作相对比较简单，而且只需输入少量数据便可获得非常详细的数据。因此，对房贷数据有需求的用户在看到该小程序之后，很容易将其作为必备的工具之一。

# 第8章

# 技巧：打造今日头条的全攻略运营

学前提示

今日头条是用户最为广泛的新媒体运营平台之一，因其运营推广的效果不可忽视。所以，众多新媒体运营者都争抢着注册今日头条来推广运营自己的各类产品。

本章从平台的登录发文、申请原创、智能推荐、提高点击率、提高推荐量等方面对今日头条运营进行讲解和分析。

要点展示

▶ 手把手教你如何运营头条号
▶ 优化内容提高文章点击率
▶ 掌握推广机制提高推荐量

## 8.1 手把手教你如何运营头条号

新手在运营头条号时一般都会遇见哪些问题？如何才能快速上手呢？下面，笔者将为大家简单介绍一些关于运营头条号的方法与技巧。

### 8.1.1 登录头条号的流程

运营者成功注册头条号之后，系统会自动跳转到头条号的后台管理页面。那么，平时运营者要怎样进入头条号的后台管理页面呢？下面具体介绍运营者登录头条号的后台管理页面的流程。

步骤 01　在网站搜索"头条号"官网并点击进入。

步骤 02　执行上一步操作后，进入登录头条号的页面，运营者在该页面上要填写上账号的相关信息，然后点击"登录"按钮，如图8-1所示。

步骤 03　执行上述操作后，进入头条号的后台管理页面，运营者可以进行文章管理、数据统计、收益查看等一系列的操作，如图8-2所示。

图8-1　点击"登录"按钮

图8-2　头条号后台管理页面

### 8.1.2 头条号的发文步骤

运营者想要开始着手进行内容编辑，那么首先就要找到编辑内容的区域并新建发表文章，才能开始付诸行动。本节以图文内容为例，介绍在今日头条中新建内容的操作方法。

步骤 01　登录头条号进入后台主页，点击左边的"图文"按钮，切换到"图文主页"页面，点击"发表文章"按钮，如图8-3所示。

步骤 02　执行上述操作后，进入"发表文章"页面，如图8-4所示，此时表示已经完成了发表文章的创建，接下来运营者就可以在该页面编辑文章内容了。

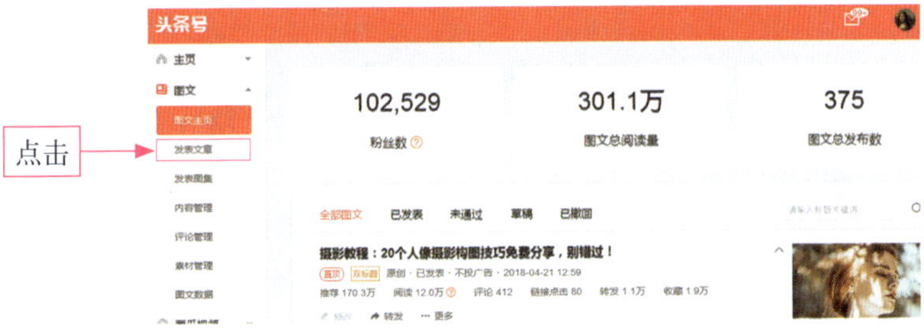

图 8-3 点击"发表文章"按钮

图 8-4 进入"发表文章"页面

## 8.1.3 申请原创标签权益多

在今日头条平台上,点击"原创保护"按钮,即可进入"原创维权"页面,通过对该页面进行相关操作便可以保护自身原创作品的版权。关于今日头条平台的原创维权,其升级和优势主要表现在 3 个方面,具体介绍如下。

### 1. 全网监测:脱离局部维权的藩篱

过去,所有平台进行的一系列原创保护措施都是在平台内部进行的,因此,只能实现自纠自查、局部维权。而自从头条号"原创保护"功能推出之后,作者维权的方式和范围发生了巨大变化,具体如下:

- 从方式上来看,从自纠自查转变为抄袭发生 6 小时内监测抓取;
- 从范围上来看,从局部、个别平台维权转变为跨平台全网维权。

从此,在作者维权方面,对平台和原创作者而言,明显更省时省力,并且是依靠先进的信息监测技术来完成的,版权维护在效果上也有了显著成效。

### 2. 快速删文:避免更大范围内传播

在"全网监测"功能基础上,维护作者的权益首先应该让侵权的文章快速消失,以避免在更大范围内传播侵权文章,这在今日头条平台上可以利用"快速删文"功能来实现。

所谓"快速删文",即头条号与专业第三方维权机构(如中国版权保护中心、维权骑士等)合作,在发现抄袭的文章后,最快情况下,可在 24 小时内将其删除,还原创作者一片晴朗的创作天地。

### 3. 维权赔付:沟通侵权方处理赔付

今日头条这一内容平台,通过版权维权可为原创作者赢得收益,这是通过其"维权赔付"功能来实现的。所谓"维权赔付",即原创文章作者在与平台授权签约的情况下,与今日头条合作的"快版权"这一第三方维权机构会追溯侵权的文章,并与侵权方沟通赔付事宜,在沟通失败的情况下,甚至会提起诉讼。在这一过程中,尤其受原创作者关注的是,"侵权赔付"行为是免费的,不需要原创作者承担费用。

### 8.1.4 抓住智能推荐引擎机制

今日头条的机器推荐系统是一个实现文章与用户匹配的推荐系统,下面将介绍其对用户的理解。

众多周知,今日头条的机器推荐系统实现的是个性化推荐,它会给每一位用户推荐其可能感兴趣或与其兴趣相符的内容。那么,它是怎样解读文章的匹配用户的呢?

今日头条实行的是精准的个性化推荐,它对用户的认知是非常充分的,是建立在对大量数据进行分析而得出的用户结果的基础上。具体说来,主要包括 3 个方面的数据,如图 8-5 所示。

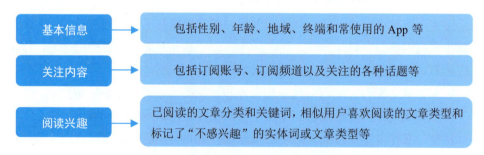

图 8-5 机器系统对用户识别的 3 项数据分析

通过图 8-5 所示的 3 项数据,可以让系统对用户的阅读兴趣有一个大体的把握。当然,这些用户数据的判断,是建立在有着较大信息流的基础之上。这里较大的信息流主要包括两个方面:一是从时间角度来说,用户使用头条号的时间越长，系统所获得的用户数据信息也就越多；二是从用户数量角度来说，使用头条号的用户越多，那么系统所获得的数据信息也就越多。

经过了时间和用户数量的数据信息积累，今日头条平台的机器系统对用户的兴趣判断也就会越精准，从而能够得出更加清晰的用户"画像"，最终寻找到某一篇或某一类文章，并对目标用户进行内容的推荐。

## 8.2 优化内容提高文章点击率

在今日头条平台上，标题和封面是代表图文内容颜值的两大方面，如果设置得好，可以在很大程度上提升其显示效果，进而提升文章点击率。本节便针对图片的标题和封面设置进行详细讲解，希望对头条号创作者有所帮助。

### 8.2.1 数字标题探索文章深层意义

数字冲击型标题也叫统计冲击型标题，就是在标题中标明具体的数据的软文标题形式。一般来说，数字对人们的视觉冲击效果是不错的，一个巨大的数字能与人们产生心灵的碰撞，很容易让人产生惊讶之感，往往人们一般都会通过数字，想要得知数字背后的内容。下面就来欣赏几则统计冲击型的标题，图 8-6 所示为单一数字式标题，图 8-7 所示为多数字对比型标题。

图 8-6　单一数字型标题软文案例

> **专家提醒**
>
> 图 8-6 所示是单一数字型标题，这一类标题往往只有一个特别大或者极其小的数字，根据不同的文章内容在标题里运用一个极大或者极小的数字，可以起到令人惊讶的效果。

图 8-7　多数字对比型标题软文案例

**专家提醒**

图 8-7 所示是多数对比型标题，这种标题往往采用两个或两个以上分别表示大小的数字作对比的方式出现在标题里面，其数字大小的强烈对比和巨大差异会给人造成一种视觉上的冲击和震撼。数字往往使人敏感，人们想通过这些差异巨大的数字中间得到隐藏在数字背后的信息，当读者看到这样的大小数字对比的软文标题时，也更想要点击阅读，去一探究竟。

## 8.2.2　疑问标题强调文章中心主题

疑惑自问式文章标题又称问题式标题、疑问式标题。问题式标题可以算是知识式标题与反问式标题的一种结合，以提问的形式将问题提出来，但读者又可以从提出的问题中知道文章内容是什么，一般来说问题式标题有 6 种公式，如图 8-8 所示。

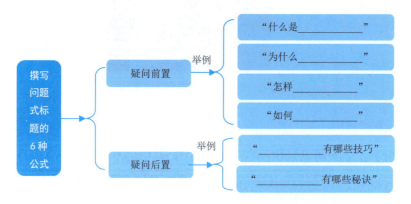

图 8-8　撰写问题式软文标题的 6 种公式

下面来欣赏几篇问题式标题案例,图8-9所示是疑问前置式标题,图8-10所示是疑问后置式标题。

图8-9 疑问前置式标题案例

**专家提醒**

图8-9所示是疑问前置式标题,这一类标题通常将疑问词放在最前面,从而引起读者的注意,当读者看见如"为什么""如何""怎样"等一系列词语时也会产生相同的疑问,从而引导读者点开文章寻求答案。

图8-10 疑问后置式标题案例

**专家提醒**

图8-10所示是疑问后置式标题,这一类标题喜欢将疑问放在标题末尾,引起读者兴趣。人们往往对"秘诀""技巧""秘籍"等词语具有很强的兴趣,用这一系列的词语会给人普及一些小常识或是小知识,方便人们的生活,人们在面对这一类标题时,也会抱着学习的心理去点开文章,也就增加了文章的阅读量。

## 8.2.3 增强图片代入感让封面人情化

在今日头条平台文章中,如果企业或商家放入其中的是有着用户或其他人物身影存在的封面图片,那么该产品和品牌可以让读者产生身份认同感和代入感,而这一过程,也在无形中实现了读者对产品、品牌的了解,从而更加信赖和信任产品或品牌。而想要实现这一目标,可以通过在文章中植入相关图片,如图 8-11 所示。

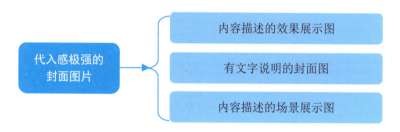

图 8-11 文章中设置具有身份代入感封面图片

通过图 8-11 中所提及的 3 种图片,可以让其他的读者融入内容运营过程中并产生一种角色代入感,将自己当作其中的用户,想象成是自己在进行内容阅读,或者是在内容阅读后诉说自己的感受,这样可以充分体验到用户的心情。其实这就是让读者产生代入感的功效,而代入感的产生是基于图片能够表达人情意味的基础之上的。因此,可以说,图片在表达上具有让文字人情化的作用。

图 8-12 所示为"手机摄影构图大全"设置的图文封面图片,该图片充分展示了其内容描述的效果,因为这篇文章是描述人像摄影构图的,在封面展示照片效果,可以让用户有一种"这照片和照片上的人真美,假如是我处于其中,又将怎样呢?"的代入感觉。

图 8-12 展示了内容描述的效果的封面图片

## 8.2.4 包装文章封面吸引用户注意力

所谓"创意",就是在现实存在的理解和认知基础上,赋予事物一种新的思维和意识。在创意范畴内,通过形成的新的思维和意识,人们可以很好地发掘资源深层次的价值。

在今日头条号运营中,利用图片的形式,让产品内容充满创意,能够立刻就吸引用户的注意力。关于今日头条平台的内容图片创意化,可通过两种形式来实现,即新包装和细节图。

当然,这里的新包装和细节图与具体的产品的图片不同,指的是内容的包装和其中某些具体的内容细节,如就后者而言,一些非常细分的、具体的内容,也是设置封面图片的比较好的选择,如图 8-13 所示。图中展示了一些内容中具体的信息,由于展示在封面上不是很清晰,但是这些细节显示了正文中的内容,从而使得那些想要了解具体信息的用户去点击阅读。

图 8-13　展示了内容细节的封面图片

而在封面图片的新包装方面,与标题一样,它也是可以通过多种方法来实现包装的,如在封面中展示与图文内容相关的知名人物就是比较常用的方法之一,如图 8-14 所示,图中封面为摄影大咖——龙飞老师。

图 8-14　展示与内容相关的知名人物的封面图片

在新包装和细节图等多种形式的创意包装下,内容产品和品牌能够吸引更多用户,促成运营推广目标的实现。

## 8.2.5　巧用封面真实再现生活场景

如果想要完美、形象地呈现一个真实的生活活动场景,除了视频外,没有比图片更合适的方法了。有些人认为,有时候文字描述也能真实地再现场景,能够让读者在脑海中呈现真实的生活场景,这种形式是比较含蓄和富有韵味的,而从直观、形象的角度来说,其效果还是略逊图片一筹的。图 8-15 所示为今日头条号文章中图片的真实场景呈现。

# 农村的这种稀罕野味80元一斤，贵过海鲜，市民直呼吃不起了

图 8-15　利用图片呈现真实生活场景

因此，在文章运营中利用图片形式让用户在阅览图文的时候可以很直观地感受到真实生活场景，那么，内容的推送也就具有了它的意义和价值。

## 8.3　掌握推广机制提高推荐量

在各大平台上，我们可以看到企业和品牌推出了形式多样的活动，它们或是为了逐利，或是为了扬名，或是为了增进互动……本节就针对平台活动的营销推广形式进行介绍。

### 8.3.1　大数据实现精准化推广

精准化推广主要是借助大数据的分析能力，将用户群体按照一定的分类方式进行划分，从而使产品更具有针对性。在今日头条平台上，精准推广的基础就是大数据，一般包括阅读数据、关注数据和其他数据，基于这些数据，系统可将用户群体按照一定分类方式进行划分，可实现解析用户需求的目标，从而创作内容。

对于头条号来说，主要就是需要用户流量，而用户流量的网络表现就是数据，所以头条号的内容推广与大数据是紧密相联的。大数据的出现影响了市场的环境，也就促使头条号进行相应改革，相关分析如图 8-16 所示。

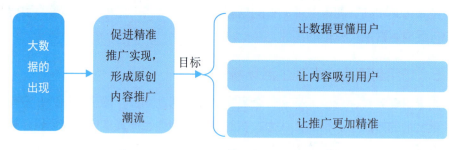

图 8-16　大数据对内容电商影响的相关分析

在头条号的实际运营中，大数据的分析功能至关重要，数据能够给我们最好

的答案。通过"内容营销+大数据"的模式，可以运用智能推荐算法和消费者画像数据等，对接消费者的需求和爱好。如大家熟知的"京条计划"就是头条号与京东商城联合推出的内容精准化推广的案例。

京东商城是一个知名的电商平台，而今日头条则是一个产生内容的新媒体平台，他们联合推出了一个"京条计划"，主要内容如图 8-17 所示。

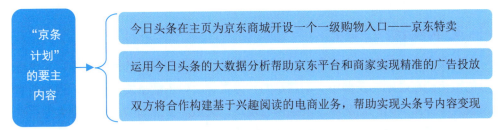

图 8-17 "京条计划"的主要内容

"京条计划"融合了"电商+大数据+内容营销"等新商业趋势，而且这也只是一个开始，其中还充满了更大的想象空间值得大家挖掘。

### 8.3.2 好口碑实现快速自发推广

口碑推广，顾名思义，就是一种基于企业品牌、产品信息在目标群体中建立口碑，从而形成"辐射状"扩散的内容推广方式。在互联网时代，口碑推广更多的是指企业品牌、产品在网络上或移动互联网的口碑推广。

口碑自古乃是"口口相传"，其重要性不言而喻，就如小米手机，其超高的性价比造就了其高层次的口碑形象，从而在人们之间快速传播开来。如今有不少的企业，想要将口碑营销与内容推广相结合，企图进一步打造企业的口碑，想要通过内容来打造一个好口碑，那就需要做到 4 点，具体内容如下。

#### 1．角度新奇

人们往往对新奇而有趣的事，会更愿意去关注和分享，内容推广也是如此。一篇有趣的文章总会引起用户的好奇，引发用户传播，所以当企业在策划口碑内容推广时，可以从新奇角度出发。

#### 2．刺激心弦

不管是哪一种类型的用户，都会有一根敏感的心弦，只要头条号用内容刺激到了人们的心弦，产生共鸣，就能拉近与用户的距离，从而影响到用户，自然而然地形成口碑推广效应。

### 3. 关联利益

用户最关心的就是自己的利益，所以如果头条号能够以用户利益为出发点，让用户从内容中感受到自己能受益，那么自然就会受到消费者的拥戴，口碑传播也就自然而然地形成了。

### 4. 内容真实

头条号在运行口碑内容推广时，绝对要杜绝虚假的宣传的情况发生，虽然虚假的宣传能在短期内获得不少的注意力，但是总会有东窗事发的时候，当消费者发现挂羊头卖狗肉的情况后，就会带着谩骂、失望离企业而去，这就会大大损害企业的品牌信誉度，口碑推广就自然无法成功。

## 8.3.3 3种途径增加用户认知度

虽然一个企业或个人在平台上的力量有限，但这并不能否定其内容的传播影响力。要想让目标群体全方位地通过内容了解产品，比较常用的招式就是为内容造势。

### 1. 传播轰动信息

对于企业来说，在今日头条平台上的内容与标题最好具有"颠覆性"，做到"语不惊人死不休"，给受众传递轰动、爆炸式的信息。如图8-18所示，"出售星星、倒卖月亮，有人靠此月入百万，有人仍自以为浪漫"这样的标题，利用了用户的好奇心，也运用了数字标题的爆炸性，立刻能够成功吸引用户的眼球。

图 8-18 轰动性标题示例

在这个媒体泛滥的年代,想要从众多新颖的内容中脱颖而出,就要制造一定的噱头,用语出惊人的方式吸引受众的眼球。

例如《赶紧关掉微信这三个开关吧,不然手机会越来越卡,快试试吧》就是一个很好的例子。一看到这样的标题,人们就会想,微信大家天天都在用,也发现越用越卡,要解决这一问题究竟要如何操作呢?就是这股好奇心激发受众点击查看。

## 2. 总结性的内容

扣住"十大"就是典型的总结性内容之一。所谓扣住"十大",就是指在标题中加入"10大""十大"之类的词语,例如"暑假十大旅游热门城市""2018年十大好书推荐"等。这种类型标题的主要特点就是传播率广、在网站上容易被转载和容易产生一定的影响力。

下面就来欣赏一下扣住"十大"的内容案例,如图8-19所示。

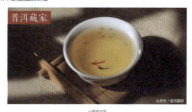

图8-19  扣住"十大"的内容案例

## 3. 自创条件造势

除了可以借势外,在推广内容时还可以采用自我造势的方式,来获得更多的关注度,引起更大的影响力。任何内容运营推广,都需要两个基础条件,即足够多的粉丝数量和与粉丝之间拥有较为紧密的关系。

运营者只要紧紧地扣住这两点通过各种活动为自己造势,增加自己的曝光度,从而获得了更多粉丝。为了与这些粉丝保持紧密关系,运营者可以通过各种平台经常发布内容,还可以策划一些线下的影响活动,就这样,通过自我造势带来轰动式,引发观众围观。

总体来说，自我造势能够让消费者清晰地识别并唤起他们对产品的想象，并进行消费，可见其对内容运营推广的重要性。

### 8.3.4 两个方法增加额外曝光度

对于内容运营来说，它终归还是要通过盈利来实现自己的价值。因此，内容的变现就非常重要，否则难以持久。要实现内容变现，首先就要学会包装内容，给内容带来更多的额外曝光机会。给内容进行包装的方法有以下两种。

#### 1．借助明星光环

借助拥有大量粉丝的明星和大V博主之手，可以促进头条号内容推广来实现更好的运营效果，其优势如图8-20所示。

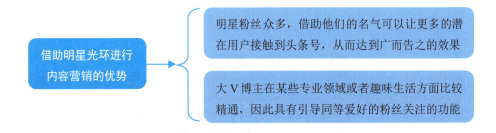

图8-20　借助明星光环进行内容营销的优势

通过将内容与明星某些特点相结合，然后凭借明星的关注度，来吸引消费者的眼球，这是内容推广惯用的手法。

#### 2．进行强强联合

在这个移动互联网时代，每个用户使用的移动平台媒介都不同，根据自身的习惯，有的人喜欢用微博分享信息、有的人喜欢用QQ聊天、有的人喜欢逛贴吧、有的人喜欢看视频……

正是因为移动端的繁杂性和人们使用习惯及行为的不同，才导致单一的内容推广很难取得很好的效果。因此，企业可以和其他平台或企业进行强强联合，制造出一个更强的运营圈和区域。

# 第 9 章

## 平台：构建新媒体推文引流矩阵

**学前提示**　　新媒体运营已经成为企业发展的一种重要商业方式，而粉丝的质量和数量决定了一个平台账号的价值和企业在运营中获利的多少。接下来，笔者将为大家介绍几个主流的自媒体平台，商家不仅可以利用这些平台进行吸粉引流，还可以借助这些平台获利。

**要点展示**
- ▶ 八面玲珑的微博社交媒体平台
- ▶ 7个重量级新媒体平台推荐

## 9.1 八面玲珑的微博社交媒体平台

在新媒体火热发展的当下，微博不仅是一种流行的社交工具，对企业或商家来说，它也是一种重要的营销平台。企业或商家在进行微博营销之前，应对微博营销的具体情况做出一定的了解，只有这样，企业或商家在营销的过程中才能将微博平台运营得更好。下面教大家一些微博运营的小技巧和攻略。

### 9.1.1 长期坚持更新保持活跃度

运营者要长期坚持更新微博，因为只有保持微博的活跃度，才不会被粉丝遗忘，因此运营者要将微博运营作为长期品牌建设的战略。

### 9.1.2 主动出击提高回访关注度

运营者不能一直都等着别人来关注自己，应该学会主动出击，运营者主动关注目标客户的行为，在很大程度上会促使目标客户进行回访，一般的微博用户在得到新粉丝之后，都会出于好奇浏览一下关注人的微博。如果运营者的微博内容能够引起用户的兴趣，那么一般用户也会互粉了，如果运营者的个人资料比较丰富些，头像比较吸引人一些，互粉的可能性就会更大了。

### 9.1.3 评论转发引起潜在用户注意

运营者可以在微博粉丝用户的博文下写一些有价值、有深度的评论，引起潜在用户的注意力。偶尔转发并评论粉丝发布的消息会让该粉丝觉得自己得到了尊重，找到了有着相同三观的好友。

于是用户和运营者直接就建立起了互粉的桥梁，届时用户成为运营者的粉丝也就不是什么难事了。这种方法需要坚持做，用心去评论别人的信息，才能取得好的效果，不能满打广告急着推广。

### 9.1.4 用好话题提高阅读和浏览量

微博的"热门话题"是一个制造热点信息的地方，也是聚集网民数量最多的地方，运营者要利用好这些话题，发表自己的看法和感想，提高阅读量和浏览量。还可以利用内容连载的形式来发表话题，引起一部分人的关注。

如图9-1所示，这是"手机摄影构图大全"的微博内容，根据"光棍节"的热门话题展开的内容营销。

图 9-1 根据热门话题展开营销的案例

### 9.1.5 用 @ 符号带动更多粉丝关注

在博文里"@"明星、媒体、企业,如果媒体或名人回复了你的内容,就能借助他们的粉丝扩大自己的影响力,若明星在博文下方评论,则会受到很多粉丝及微博用户关注,那么产品一定会被推广出去。

如图 9-2 所示为"手机摄影构图大全"的微博内容截图,根据电影使用 @ 明星进行的内容营销。

图 9-2 @ 符号案例分享

## 9.2 7 个重量级新媒体平台引流推荐

对于运营者来说,粉丝数量自然是越多越好,尤其是高质量的粉丝,因此本节笔者将为大家介绍七大运营者可以用来进行细分引流的流量平台,并且以其中的今日头条平台为例,为大家进行推文导粉的实战介绍,帮助运营者获得更多流量。

### 9.2.1 知乎:话题性高,推动传播和推广

知乎平台是目前最为火热的社交化问答平台,它的平均月访问量已经突破上亿人次。知乎的口号是:"与世界分享你的知识、经验和见解"。

知乎拥有 PC(电脑)端和移动 App 两种客户端口,用户需要注册才能登录平台首页,如图 9-3 所示,是知乎的 PC 端官网注册首页。

图 9-3　知乎平台 PC 端的注册页面

如图 9-4 所示，用户在注册时还需要输入自己的职业或专业，屏幕下方还会给出其他人的自我介绍案例供参考。

图 9-4　知乎平台输入职业或专业页面

在输入职业信息点击完成之后，会出现一个需要选择感兴趣话题的页面，如图 9-5 所示，具体包括：游戏、音乐、电影、法律、自然科学、设计、商业等诸多话题选项，用户根据自己的喜好挑选，即可关注相关话题。

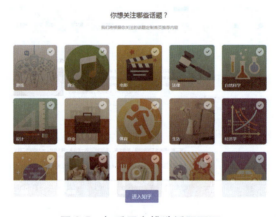

图 9-5　知乎平台挑选话题页面

进入知乎首页之后，平台显示的内容是根据先前选择的感兴趣话题推送的。如图 9-6 所示，笔者这里选择的是美食、衣服和哔哩哔哩 3 个话题，所以平台推送了相关内容的话题贴。

图 9-6　知乎平台首页

知乎的主要定位是知识共享，问题页面是知乎最主要的页面，用户既可以通过搜索来了解相关问题，也可以自己直接提问或者回答自己熟悉的问题。

用户搜索后如果自己的提问不是重复的，那么便可继续完成提问步骤，在提问完成后，可以邀请对相关话题感兴趣的用户来回答。

如图 9-7 所示，笔者提问了一个关于小说的问题，知乎平台在提问完成后出现了邀请那些关注过小说话题用户的页面。

图 9-7　知乎提问后的邀请页面

如图 9-8 所示，用户如果不想暴露自己的信息，可以选择通过匿名的方式回答，而且对于回答可以选择允许规范转载、允许付费转载、禁止转载等权限。

图 9-8　知乎用户发布回答页面

对运营者而言，可以通过在知乎上提问和回答来宣传自己的产品，这种问答通常具有很好的话题性，吸引广大知乎参与围观问题，从而促进产品的传播和推广。

如图 9-9 所示，笔者在知乎上搜索"电影驴得水"后，出现了"如何评价电影《驴得水》？""电影《驴得水》目前知乎一致好评代表了什么？""电影《驴得水》有哪些隐藏的小细节？"等问题。

电影发行方可以参与到相关的问答之中，精彩的回答能引导用户去观看，达到为电影做宣传的目的。如图 9-10 所示，对"如何评价电影《驴得水》"这一问题，电影《驴得水》的导演周申在知乎上做出了回答，该条回答得到了 18000 多人的赞同。

图 9-9　"电影驴得水"搜索页面　　图 9-10　"驴得水"导演周申的回答页面

如果运营者是使用公司或商家的知乎账号，那么，回答必须具有知识性，有含金量，要能够引起读者的注意。回答的字数最好在 120 字以内，或半个页面的长度，太长的文章容易让读者失去兴趣。

运营者可以直接在个性签名处留下微信号码，以便为自己的平台引流。接下来可以主动选择问题进行回答，最好选择和自己的类别接近的问题，尤其不要放过关注度高的优质问答。面对热点问题，要及时抢答，这会让我们的引流效果事半功倍。

## 9.2.2 一点资讯：实现个性化新闻订阅

一点资讯平台凭借其特色的兴趣引擎技术为用户实现了个性化新闻订阅，基于用户的兴趣为其提供资讯内容。

一点资讯可以借助用户登录时选择的社交软件类型、选择的兴趣频道等操作收集相关信息，整理成数据资料，然后再根据这些资料了解、推测出用户的感兴趣的新闻领域。

运营者在完成注册登录等一系列准备工作后，就可以开始运营导粉了，在这一阶段运营者的工作主要可以分为 4 个部分，具体如下：

（1）登录后台，进入管理页面；
（2）撰写文章，准备进行推送；
（3）文章完成后，进行检查；
（4）检查完成后，推送文章。

如果运营者同时也在运营微信公众平台，那么可以在一点资讯平台上撰写文章的时候，在文章的中间写上自己微信公众平台的账号，以此达到将粉丝引导到微信公众平台上的目的，如图 9-11 所示。

图 9-11　文章中添加微信公众号

> **专家提醒**
>
> 需要注意的是，新媒体运营者在一点资讯平台上撰写文章的时候，也可以选择已经撰写好的文章，只要点击"一键导入"按钮，就能将文章导入到一点资讯平台了。

### 9.2.3　搜狐平台：三大资源引入独特优势

搜狐公众平台，是搜狐门户下一个融合搜狐网、手机搜狐、搜狐新闻客户端三大资源于一体的一个平台，所以搜狐公众平台其资源力量是比较充足的。搜狐公众平台凭借搜狐旗下一系列的资源，拥有自身独特的平台优势。在搜狐公众平台编写要推送的内容的时候，需要从标题、图片、格式、封面、摘要等多角度考虑。

对于新媒体平台运营者来说，图片是一种非常有利的武器，一张合适的图片能给新媒体平台的读者带来更好的视觉效果，也能为平台文章锦上添花。在编辑撰写文章的过程中，有时候会碰到需要特殊标记的文字，这些文字能够更加突出文章的重点，因此学习制作具有吸引力的字体格式也是很有必要的。

我们可以通过给字体加粗来进行突出，如图 9-12 所示，也还可以将文字标记成不同的颜色，让读者一眼就能将这些内容区分开来。或者将文字添加下划线、改成斜体，也可以将重点部分突显出来。这样可以吸引读者的注意力，提高读者的阅读兴趣。

和微信公众平台一样，在搜狐公众平台的文章编辑栏下面，有一个摘要撰写部分，运营者可以用一句话来概括文章的信息，突出重点，使平台账号更好地吸粉引流。

图 9-12　改变字体格式来突显重点内容

### 9.2.4　网易平台：自家品牌依托有保障

网易媒体开放平台是网易旗下推出的一个新媒体平台，在网易媒体开放平台，运营者可以利用多种形式进行软性吸粉引流。

值得注意的是运营者要入驻网易媒体开放平台，需要有网易邮箱或者网易通行证。

当注册审核通过之后，运营者就要开始撰写文章了，首先登录网易媒体平台的后台，然后点击"写文章"按钮，就可以进入文章编辑页面开始撰写文章了。

在"标题"处输入文章标题,在"正文"处编辑内容,也可以用正文内容框上方一排编辑按钮对文章的字体、格式等进行调整,点击"图片"按钮就可以在正文中上传图片,效果如图 9-13 所示。

图 9-13　图片上传到正文中

网易媒体开放平台,为入驻用户提供了 5 种类型的账号,它们分别是订阅号、本地号、政务号、直播号以及企业号,每种账号其功能也会有所不同。平台拥有四大特色,具体如图 9-14 所示。

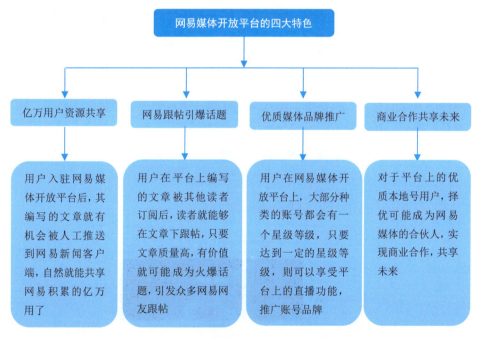

图 9-14　网易媒体开放平台的四大特色

把正文编辑完毕后,需要上传封面,封面有 3 种模式,分别是单图模式、三图模式和大图模式。执行操作后,运营者就能选择正文中的图片作为文章的封面,封面选择好之后,点击"发布"按钮,完成后在网易媒体后台即可看见刚刚发送的推文。

运营者可以适当地在文章结尾处放上其他平台的运营账号,如微信公众号及关注方式等,来达到多平台引流的效果。

### 9.2.5　QQ 平台:庞大流量便于轻松涨粉

QQ 公众平台被称为看点号平台,QQ 公众平台是腾讯继微信公众号之后推出的产品。QQ 公众号与微信公众号相比较,其形式也分为 3 种,分别是订阅号、服务号和购物号,新媒体运营者尤其要注意订阅号与服务号之间的区别。

QQ 公众平台凭借着 QQ 积累下众多的用户数量以及平台自身的技术优势、大量的数据等资源,是微信公众号运营者用来进行获得流量的一个很好的平台。

基于近 10 亿腾讯用户规模的 QQ 公众平台来说,用户的来源几乎是不用愁的,据悉,在 QQ 公众平台公测期间,3000 个公测资格在 1 秒内就被抢完,同时,有人统计,在公测期间,参与注册申请的人就有 11 万人,而平台的页面访问量也达到了 300 万次,未来,注册用户和平台页面访问量数据将会持续增长。

因此,在 QQ 公众平台编写文章发送,是很好的吸粉引流的方法。如何发文呢?首先登录 QQ 公众平台,进入首页,在页面左侧的任务栏中找到"文章发布"按钮,点击进入即可来到文章编辑页面。利用文章编辑框上方的图标按钮可以修改文章的字体、内容等,输入文章标题,插入图片和文字后,点击"预览并发布"按钮,其效果如图 9-15 所示。

图 9-15　QQ 公众平台文章发布页面

## 9.2.6　简书平台：写作阅读一体式体验

简书平台是一款结合了写作与阅读于一体的社交型互联网产品，同时也是一个基于内容分享的社区。

要在简书平台进行引流、商品推广，那么内容电商运营者就需要拥有一个简书账号。通过简单注册，然后登录发文即可开始运营。发文步骤十分简便，既在主页右上方运营者头像旁点击"写文章"按钮，随即进入文章编辑页面。最左侧可以根据文章发布内容进行分类管理。左侧第二竖列可见历史文章存储，右侧为文章编辑区域。步骤简捷，与上面介绍的发文顺序一样，输入文章正文、标题，并调整格式、字体即可，按右上方"发布文章"进行发布，效果如图 9-16 所示。

图 9-16　简书平台文章编辑页面

**专家提醒**

当然，运营者还可以选择采用新浪微博、腾讯 QQ、微信等社交网站的账号登录简书平台，这种登录方式会更加快捷方便。

## 9.2.7　百度百家：最具影响力的原创平台

百度百家平台，于 2013 年 12 月份正式推出。运营者入驻百度百家平台后，可以在该平台上发布文章，然后平台会根据文章阅读量的多少给予运营者报酬，与此同时百度百家平台还以百度新闻的流量资源作为支撑，能够帮助运营者进行文章推广、扩大流量。

百度百家平台上涵盖的新闻有四大模块，包括体育版、文化版、娱乐版和财经版。

百度对外公布了百家号最新数据情况，自2016年9月28日开放注册以来截止至10月12号，其平台已拥有10万个注册用户，其中通过的用户有2万多，并创下了平台上单篇文章最高收入6000多元的成绩。由此可见其受欢迎程度以及客观的收益，这对新媒体运营者来说是个好消息。

百家号平台的运营也是采用推文的引流方式，首先登录百家号，进入主页。可以在主页左上方点击"发布"按钮，进入文章编辑页面，也可在左侧任务栏内寻找"发布内容"按钮进入。有"发布文章""发布图集""发布视频"3种内容编辑选择按钮，选择"发布文章"输入标题和正文。文章撰写完成后，可以根据需求点击屏幕下方"发布""定时发布""存草稿"和"预览"4个按钮，效果如图9-17所示。

图9-17　百家号文章编辑页面

推文发送成功后，要细心关注留言评论，及时回复，给粉丝带来舒适的平台阅读体验，运营者也可以在回复的内容中放上自己的公众号链接，以此来吸粉导流。

# 第 10 章

## 视频：优质内容打造爆款 IP 品牌

在新媒体的运营中，运营者应该接触更多的新媒体平台，比如现在比较火爆的直播、短视频平台等，以此获取更多的粉丝，拓展自己新媒体运营的道路，以达到营销的最终目的。在本章中，笔者将对一些直播平台和一些常用的视频媒体平台进行讲解和分析。

- ▶ 亿万人气打造直播平台名流 IP
- ▶ 吸引千万用户关注的抖音短视频
- ▶ 多种优质的原创视频平台集锦

## 10.1 亿万人气打造直播平台名流 IP

网络直播平台有着各自不同的内容和特色，它们不断深入发展，由单一的模式向众多领域拓展延伸，选择合适、匹配的直播平台是重中之重。本节将为大家介绍斗鱼、虎牙、熊猫、映客等几个典型的直播平台，了解它们各自的特色所在。

### 10.1.1 斗鱼：创新模式为在线教育带来新机

作为直播行业第一个吃螃蟹的平台，斗鱼直播于 2016 年推出了"直播+"的发展战略。斗鱼直播引进的直播模式以"直播＋教育"最有看点。为了让用户学在其中、乐在其中，斗鱼全力打造有别于传统网课的教育形式，专门开设了"鱼教鱼乐"直播版块，如图 10-1 所示。

图 10-1 斗鱼直播的"鱼教鱼乐"直播版块

从图 10-1 中不难看出，斗鱼开设的"鱼教鱼乐"直播版块内容十分丰富，涵盖了艺术、语言、科教、心理等多个方面，弥补了普通网校长期以来一直存在的缺点。用户可以免费享受名师实时的指导，与其进行互动，老师可随时为用户答疑解难，学习效果更加高效，特别适合喜欢直播的年轻群体。

不得不说，直播为在线教育发展带来了全新的机会。直播平台有海量的年轻用户、特色的弹幕功能，高效低成本的网络直播这些因素都给"直播＋教育"的模式不断向前发展提供了强有力的支撑。

## 10.1.2 虎牙：专攻游戏直播打造独家赛事

虎牙直播是国内优秀的以游戏直播为主的互动直播平台，其由 YY 直播更名而来。在更名之后，虎牙直播转向 Web 端的发展。

虽然虎牙直播以游戏直播为主，但也包括了多元化的热门直播内容，如音乐、娱乐、综艺、教育、户外、体育、真人秀、美食等。虎牙的游戏直播资历很深，在游戏方面有很多独家资源。

虎牙直播的"直播 + 游戏"模式由来已久，自 2012 年虎牙直播成立以来，虎牙直播一直以游戏直播为发展战略的重中之重。随着近年来游戏行业的日渐火爆，虎牙直播不惜花重金买进国内外赛事的直播版权，又召集了众多世界冠军级战队和主播，还专门亲自打造了属于虎牙旗下的独家 IP 赛事。

图 10-2 所示为虎牙直播中的英雄联盟直播页面。

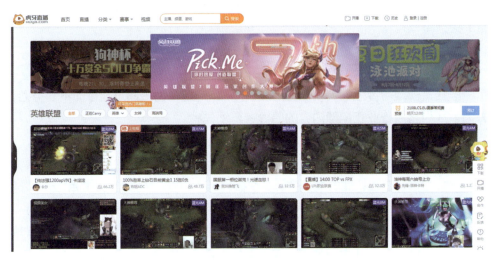

图 10-2　虎牙直播的英雄联盟页面

## 10.1.3 熊猫：全方面部署战略抢占一席之地

说起熊猫直播，大家都不会陌生。王思聪一手创办的熊猫直播是一家以"泛娱乐"模式为主的视频直播平台。

与其他直播平台相比，熊猫直播更注重打造人气主播，直播内容更是广泛覆盖了多个领域。王思聪为打造好熊猫直播这个平台，在内容、技术等各个方面都部署了不同的策略，下面一一进行介绍。

### 策略1："泛娱乐"直播平台

王思聪在采访中表示，一方面，希望将直播平台与游戏、娱乐、体育等产业相结合，以便全面布局其"泛娱乐"O2O市场；另一方面，熊猫直播的内容也会更趋向于泛娱乐化，打造千变万化的直播形式，如演唱会、发布会、体育赛事等。

图10-3所示为熊猫直播官网上的自我简介就是"泛娱乐直播平台"。

图10-3　熊猫直播－泛娱乐直播官网简介

"泛娱乐"战略虽然最初是由腾讯企业提出的，但在直播行业，熊猫直播将其发挥得淋漓尽致。

### 策略2："正能量"直播平台

熊猫直播坚持传递社会正能量的发展战略，一直在为传递正能量而不断努力，并力争成为直播行业正能量内容的倡导者、领先者。

1）"直播+公益"

熊猫直播鼓励平台主播积极直播正能量内容，为直播平台的健康持续发展贡献出一分力量。它在企业的发展中，也积极发扬"公益""正能量"的精神，"熊猫主播公益支教活动"就是最好的证明。熊猫直播的相关人员曾两次奔赴新疆、陕西等贫困地区，王师傅、"囚徒"等知名主播也为学生带来十分丰富且具有教育意义的活动，企业还为当地学校送去了资金和学习用品。

与过去单一化的公益模式不同，"直播+公益"以公开、直接、透明的方式支持和鼓励主播与粉丝互动，为社会传播更多的正能量，也极大地丰富了公益模式，促进了公益事业的大力发展。

2）iPanda熊猫频道

熊猫直播还发展大量公益事业以大力弘扬传统文化，并积极传递正能量的精神，为社会带来重大影响。

例如，从2017年2月起直至今日，熊猫直播为了呼吁保护大熊猫、爱护大自然，携手央视网iPanda熊猫频道，专门开启了国宝大熊猫的直播间。用户可以24小时全程观看国宝大熊猫的生活直播，而且此直播界的所有收益除了基础运营的费用，将全部用于绿色宣传等公益活动。如图 10-4 所示，这是熊猫直播的 iPanda 频道。

图 10-4　熊猫直播的 iPanda 频道

> 策略 3：亮点之"直播 + 电竞"

熊猫直播对电竞的热爱是直播行业内外都有目共睹的，同时在"直播 + 电竞"模式的发展方面，它也是首屈一指。电竞已经成为熊猫直播的一大亮点，而作为众多喜爱游戏的玩家来说，他们希望在直播中看到高水平的电竞玩家；对于直播平台来说，主播是相当关键的筹码，一个主播的优质与否甚至关乎直播平台的生死存亡。因此，熊猫直播在这方面下了不少苦功夫，全力打造顶级"直播 + 电竞"模式，为用户带来至尊体验。

1）抓各路"实力派"主播

王思聪本身是 IG 战队的老板，因此在战队资源和解说资源上具备了坚实基础和得天独厚的优势。根据熊猫直播的注册资料显示，熊猫直播的股东众多，比如裴乐（WE 战队老板）、候阁亭（OMG 战队老板）、斗鱼知名主播小智等。

除此之外，熊猫直播还签下了斗鱼炉石传说的明星主播"囚徒"、SOL 等，还有，LOL 退役选手"若风"。不难看出，熊猫直播也想利用专业性资源奠定自己的行业地位。

2）强大的明星主播阵容

王思聪平时在微博上就与众多明星来往频繁，与很多明星人物有一定的交情。所以，王思聪邀请了不少喜爱电竞的明星在熊猫上开直播，让明星为其助势。图 10-5 所示为 Angelababy 在熊猫直播里的直播间。

图 10-5 Angelababy 的直播间

## 10.1.4 映客：关注用户需求开启全民直播时代

映客直播是一款覆盖了多个移动端的直播类社交平台。映客可使用微博、微信账户登录，操作方法十分便捷，设备只需一个手机即可。映客直播优势众多，功能强大，包括精彩回放、高清画质、互动交流、私信聊天等。

### 1. 打造温暖、人性化的社交平台

作为全民直播的佼佼者，映客直播有着庞大的受众量。为了将映客打造得更具特色，它开始着力于不分年龄和性别。映客直播为所有人提供了一个分享自己的生活和爱好的平台。无论什么年纪的用户都可以在映客直播上展示自己。比如，喜欢唱歌的可以直播唱歌，喜欢绘画的可以表演画画，喜欢书法的可以直播写字。图 10-6 所示为映客直播的官网。

图 10-6 映客直播的官网

### 2. 专门为用户设计推广方案

映客直播在直播行业是一个"孤胆英雄"。它与其他直播平台差别最大的地

方就在于最大程度关注用户的需求。映客直播根据用户的年龄等方面专门设计了直播版块，映客的发展策略为其吸引了大量的用户，同时也让映客直播成为全民直播时代里一颗璀璨的明星。

### 10.1.5　腾讯：用直播打通体育产业细分链条

腾讯直播是腾讯视频旗下的客户端产品，涵盖了十分丰富的直播内容。其中，以体育直播最为著名。腾讯直播的"直播+体育"模式建立已久，这个模式相对于其他直播来说，门槛要高。同时，对主播要求更严格。为此，腾讯在直播形式的打造上下了不少功夫：一个是利用漂亮女主播的独特魅力，吸引更多的用户流量和热点；另一个是邀请退役运动员，这样的话展示专业方面的知识时就能信手拈来，让观众心服口服。图10-7所示为腾讯视频的体育直播。

图10-7　腾讯视频的体育直播

作为体育直播的主播，不仅要有相关的专业知识，最重要还要让观众听得懂。腾讯的"直播+体育"模式给各大想要进军体育直播行业的直播平台做出了很好的示范，当然，想要在直播行业站稳脚跟，腾讯还需在现有的基础上继续进步。

## 10.2　吸引千万用户关注的抖音短视频

"抖音短视频"作为一个别具特色的短视频平台——专注新生代的音乐短视频社区，是与今日头条相关联的一个重要的视频平台，它在2018年春节期间吸引了高达 6000 万的用户关注。关于这样的一个拥有大流量的视频平台，运营者又怎能舍弃在一边呢？本节将对抖音短视频的一些基本操作和引流技巧进行详细介绍。

### 10.2.1 便捷设置账号有利于吸睛导粉

关于抖音短视频平台，如果想要提升自身抖音号发表的视频的播放量，首先就要进行有效管理。

下面进行简单介绍。

点击屏幕下方的"我"即可进入相应页面，如图 10-8 所示；点击头像即可编辑"个人资料"，如图 10-9 所示；❶点击右上角的 按钮，可以进入"设置"页面，❷对账号、通用、钱包和关于进行设置，如图 10-10 所示。

图 10-8　"我"页面　　图 10-9　"个人资料"页面　　图 10-10　"设置"页面

接下来，在"我"界面中点击 按钮，即可进入"我的收藏"页面，如图 10-11 所示；在"我"界面中点击 按钮，即可进入"邀请好友"界面，如图 10-12 所示，运营者可以在该页面上通过"从通讯录导入""邀请 QQ 好友"和"邀请微信好友"3 种方式邀请好友，达成多平台导流的目的。完成邀请后，即可建立双方在抖音上的互动关系——查看对方发布的抖音作品和喜欢的视频。

点击 按钮，即可进入"我的二维码"页面，如图 10-13 所示。

图 10-11 "我的收藏"页面　　图 10-12 "邀请好友"页面　　图 10-13 "我的二维码"页面

## 10.2.2　熟悉拍摄方式助力平台运营

作为一个音乐短视频平台，音乐是构成视频内容的重要方面，利用平台上的各种各样的音乐，抖音号运营者可以通过两种方式来拍摄视频，即拍摄同款、选择音乐拍摄。本小节以拍摄同款和选择音乐拍摄为例进行介绍。

### 1．拍摄同款

用户在浏览抖音平台视频内容时，有时看到感兴趣的或有想法要表达的内容，就可以通过"拍摄同款"的方法来拍摄具有相同背景音乐的视频了。在此笔者就其具体的操作方法进行介绍，步骤如下。

步骤 01　进入"抖音短视频平台"App 首页，选择感兴趣的视频进行观看，❶点击右下角的"原创背景音乐"按钮，如图 10-14 所示；❷进入相应页面，点击下方的"拍同款"按钮，如图 10-15 所示。

图 10-14 点击"原创背景音乐"按钮　　图 10-15 点击"拍同款"按钮

**步骤 02**　执行上一步操作后，进入视频拍摄页面，设置拍摄方式为"单机拍摄"，设置拍摄速度为"极快"，❶点击屏幕底端红色按钮进行拍摄，拍摄完成后；❷点击屏幕底端✓按钮，如图 10-16 所示。执行以上操作后，各段视频进行合成，然后进入视频编辑页面进行编辑，在该页面上可以对拍摄的视频进行"特效"、"选封面"和"滤镜"方面的编辑，编辑完成后；❸点击"下一步"按钮，如图 10-17 所示。

**步骤 03**　执行上述操作后，进入"发布"页面，❶输入发布视频的相关信息；❷然后点击"发布"按钮，即可完成视频的发布操作，如图 10-18 所示。

图 10-16　拍摄短视频页面　　图 10-17　点击"下一步"按钮　　图 10-18　视频发布页面

## 2. 选择音乐拍摄

用户在抖音上拍摄视频时，还可以根据需要选择平台提供的背景音乐。在此笔者将介绍选择音乐拍摄的步骤，内容如下。

步骤 01 进入"抖音短视频"App 首页，如图 10-19 所示，❶点击下方中间的 + 按钮；❷进入拍摄页面，在屏幕上方点击 选择音乐 按钮，如图 10-20 所示。

图 10-19 点击 + 按钮

图 10-20 点击"选择音乐"按钮

步骤 02 执行操作后，进入"选择音乐"页面，如图 10-21 所示，❶在此点击"飙升榜"按钮，进入相应页面；❷选择需要的配乐，此时会出现"确定使用并开拍"按钮；❸点击该按钮，如图 10-22 所示。

图 10-21 点击"飙升榜"按钮

图 10-22 点击"确定使用并开拍"按钮

**步骤 03** 执行操作后，即可进入拍摄视频页面，然后就可按照本小节"1. 拍摄同款"中的步骤 2～3 完成视频拍摄、编辑和发布。

## 10.2.3 轻松获取视频素材的 4 种途径

关于视频内容的创作和素材的获取，是很多视频运营者感到迷茫的地方。笔者在此介绍 4 种获取视频素材的途径，具体如下。

### 1. 搬运短视频 App 内容

短视频内容是新媒体领域内的重要内容形式之一，随着短视频平台和关注用户的增多，各个短视频 App 上的内容可以说是种类繁多，并涉及了生活和工作中的各个方面，基本可以满足不同兴趣爱好的用户的需求。而这些 App 上的短视频，是完全可以搬运过来作为视频素材的，当然，这样的视频是不能称之为原创的，但视频素材选择得好，还是可以起到吸粉引流作用的。

### 2. 国内外视频网站内容

除了短视频 App 以外，国内外的视频网站上也是拥有大量的、不同类别的视频的，如在我国知名的腾讯、优酷等视频网站上，就有几十种类型。其中的视频内容都是可以作为视频创作者用来剪辑加工的视频素材的。而且，与直接从短视频 App 上下载的素材不一样，利用从视频网站上下载而来的视频素材经过剪辑加工后还是可以申请原创的。因此，这不失为一种便捷的、优质的视频素材获取途径。

### 3. 来源于经典电影片段

自从电影诞生以来，出现了众多的经典影片，其中必然有你喜欢的。在看到影片中的某一片段时，你还会有一些感悟和观点。这些感悟和观点，都是可以作为短视频素材来源内容的，把它们录制下来，再加上经典影片片段，就很容易打造一个受人喜欢而又是原创的短视频了。

### 4. 自身实践拍摄视频

除了上述 3 种方法可以获得视频素材外，还可以通过自身拍摄视频来完成获取素材这一视频制作的准备工作。当然，要想自身实践拍摄视频，那么运营者在拍摄技能和视频处理水平上需要精通，这样才能保证发布出来的短视频内容是优质的。

### 10.2.4 积极借势平台活动引流涨粉

在抖音短视频平台上，创意挑战赛早已不再是一个全新的话题和玩法，但是它又是支撑起抖音作为与营销平台合作的主要导流途径和短视频品牌营销特色。

在挑战赛的创新玩法中，部分知名品牌对其产生了深度的认可。如图10-23所示，这是乐事薯片官方账号@你的爱抖乐事在抖音短视频平台上发起的#咔嚓咔嚓浪不停#挑战赛页面。还有许多的自媒体人、新媒体平台也纷纷加入其中，发起挑战，吸引了广泛的抖音用户参与到其中，为品牌带来了很好的营销引流效果。

如图10-24所示的是@抖音小助手发起的#谁能想到#话题，有20多万抖音用户参与创作短视频，其中很多自发创作的短视频收获了高达几十万的点赞数。

图10-23 乐事薯片#咔嚓咔嚓浪不停#挑战赛　　图10-24 抖音小助手发起#谁能想到#话题

挑战赛的创意玩法使抖音用户这一角色变得活跃和多样化。在主题挑战赛中，用户之间通过抖音平台共处，一方面为活跃活动氛围努力——自发创作视频内容，另一方面又通过参与到挑战赛中而获得福利。而抖音运营者要充分利用这一活动，积极参加热门挑战赛，必定能大量引流。

## 10.3 多种优质的原创视频平台集锦

对于内容创业者来说，只有全面把握各种社交化的短视频平台，才能更好地将内容呈现给用户，深入用户内心。

### 10.3.1 快手：接地气的"草根"集合地

快手是一款比较接地气的App，同时也是普通老百姓娱乐的极好平台，它的收益方式主要是以直播的粉丝打赏为主。对于主播而言，只要有足够的粉丝支持，内容质量高，就能够获取较为客观的收益。图 10-25 所示为快手的直播界面，发送礼物就是收益的体现。

图 10-25　快手直播页面

快手的直播功能可以提供给主播收益，具体的方法为：扣税 20% 左右，大约五五分成，剩下的就是主播的实际收入。

### 10.3.2　优酷：开放多元的青春娱乐平台

优酷是国内成立较早的视频分享平台，其产品理念是"快者为王——快速播放，快速发布，快速搜索"，成为互联网视频内容创作者的集中营，图 10-26 为优酷首页。优酷还推出了"原创"和"直播"等频道，来吸引那些喜欢原创并且热爱视频的用户。在"原创"频道中，有很多热爱视频短片的造梦者，他们不断坚持并实现自己的原创梦想，诞生了一大批网红 IP，同时他们也为优酷带来了源源不断的原创短剧。

图 10-26　优酷视频首页

### 10.3.3 乐视：资源众多的综艺影视平台

乐视视频对于视频内容产业比较专注，构建了一套完整的"平台＋内容＋终端＋应用"的"乐视模式"生态系统。图10-27所示为乐视视频首页。

乐视视频的短视频直播内容，主要包括体育、音乐、娱乐、资讯、品牌、游戏等。其中，"品牌"频道是乐视专注企业家网红的品牌直播平台。

图10-27　乐视视频首页

### 10.3.4 爱奇艺：悦享品质注重体验的平台

爱奇艺成立于2010年4月，其理念为"悦享品质"，在技术和产品创新上投入了大量资本，从而加强用户的观影体验。爱奇艺的直播可以分为以秀场内容为主的"奇秀直播"和以视频短片为主的"直播中心"，如图10-28所示。

图10-28　爱奇艺"直播中心"频道

爱奇艺和广大的 IP 创业者相似的是，都是"靠内容吃饭"。爱奇艺创始人兼 CEO 龚宇表示："视频网站网页已经进入'后竞争时代'，独家内容是竞争的关键。后竞争时代特点第一个就是原创，这是解决粗浅竞争的根本性办法，必须要有自己的原创出品能力，这是最关键的。"

- PC 端用户量 3.6 亿；
- App 用户量为 3.3 亿；
- VIP 用户达 2000 万。

### 10.3.5　火山小视频：15 秒原创生活社区

火山小视频是一款收益分成比较清晰、进入门槛较低的短视频平台，同时也是快手不相上下的实力对手，从各大短视频 App 的排行榜来看，两者之间的竞争是十分明显的。火山小视频的定位从一开始就很准确，把握了用户想要盈利的心理，打出的口号就是"会赚钱的小视频"，那么火山小视频的主要收益究竟来自于哪里呢？

火山小视频是由今日头条孵化而成的，同时今日头条还为其提供了 10 亿元的资金补贴，以全力打造平台上的内容，聚集流量，炒热 App。因此，火山小视频的主要收益也是来自于平台补贴，那么，用户要怎样才能获得这些补贴呢？

利用第三方账号如微信、QQ、微博等登录火山小视频之后，就会来到如图 10-29 所示的火山小视频的个人主页，点击屏幕下方的"钱包"按钮，即可进入火力值查看页面，如图 10-30 所示。

图 10-29　点击"钱包"按钮

图 10-30　火力值查看页面

# 第 11 章

## 视觉：超高颜值的内容营销方案

学前提示

如今，很多传统行业正在逐步实现电商化，营销手段也越来越多种多样，视觉营销便是电子商务中常用的一种营销方式。它不仅能够提升产品销量，还能为企业打造品牌、塑造自身形象贡献出一己之力。

要点展示

▶ 全方位了解视觉营销
▶ 7 种视觉营销必会技巧

## 11.1　全方位了解视觉营销

在进行视觉设计时，目的就是为消费者呈现丰富的视觉感受，从而有效地促进视觉营销。而且，视觉设计是为了让消费者感受到店铺的别样魅力，从感性的角度增加其对产品和品牌的认知度和好感度。

### 11.1.1　元素设计满足视觉感受

基本的视觉图形主要分为三大类型，即点、线、面。在日常生活中、街道上以及身边的手机、电脑里，很多图形都是由点、线、面这三者为基础而构成的。接下来分别看看点、线、面的视觉魅力。

点看起来是非常简单的图形，如果运用得当就能够产生良好的视觉效果。如图11-1所示，这是天猫某品牌的波点连衣裙，黑白的颜色搭配，简洁大方，而点则有力吸引了消费者的眼球。

线和点不同的地方在于，线构成的视觉效果是流动性的，比较富有动感。如图11-2所示，这是柔和的线条组成的视觉效果图，简单的几根线条加上同样是线条组成的字母，给人一种舒适的视觉享受，同时也能够在消费者心中留下深刻印象。

图11-1　天猫某品牌的产品图　　　图11-2　富有动感的线条广告

面是点放大后的呈现形式，通常可以分为各种不同形状，如三角形、长方形、圆形等，还可以是不规则的形状。图11-3所示为淘宝首页广告图，它采用了长方形的面作为背景，重点突出了文字主体，并与周边的衣服元素环绕结合，展示了该页面的表达意图，充满诱惑力。

为了给消费者提供丰富的视觉感受，除了重视视觉的设计元素，还可以从色彩的搭配、字体的选择以及构图等方面来考虑。总而言之，要以突出重点为主，细节点缀为辅。

图 11-3 淘宝的首页广告图

## 11.1.2 图文并茂展现视觉说服力

视觉实际上是十分具有说服力的，很多时候我们都在通过视觉转化语言，只是我们自己没有察觉。根据相关数据调查显示，人们学习过程的视觉化突破了 80%。所以在进行视觉创作的时候要着重留意如下几个事项，如图 11-4 所示。

图 11-4 视觉创作的注意事项

视觉的说服力主要体现在图文并茂的魅力上，以社交平台为例，如果我们发表长篇大论或者是简单的几个文字，就很难在别人心中留下深刻的印象，也会得到较少的评论和点赞。但如果我们在发表动态的时候搭配文字和相关的图片，就会吸引很多的流量，因为单是文字就会显得有些单调乏味，难以给人造成视觉上的冲击感。所以，在进行视觉营销时，图文的力量是不可忽视的，如图 11-5 所示。

图 11-5 图文结合展示视觉营销

### 11.1.3 灵活掌握消费者购物心理

视觉营销还可借助心理学的知识来进行展开，因为掌握消费者的心理是传达信息的重中之重。本节将专门介绍几种视觉心理学知识。

#### 1. 突出重点信息

图形是有界限的，包括一定的范围，而画面之中的内容所处的位置代表了它的地位。一般而言，重要的信息会放在显眼的位置，而次要的信息则会放在角落。

因此，在进行视觉营销时，要用显眼的颜色重点突出重要的信息。将想让消费者一次性看完的信息放在一起，尽量避免分开。如图 11-6 所示，品牌广告中重点信息突显。

图 11-6　品牌广告对重点信息的突显

#### 2. 陈列简单的信息

通常在太多的选择中人们都会难以抉择，从而造成疲于选择的后果。如图 11-7 所示的佰花方官方旗舰店的首页则给人一种舒适的视觉效果，不仅在色彩上十分和谐，而且对信息进行了合理的布局，重点突出，导航清晰。

图 11-7　色彩一致的佰花方首页

显而易见，这样的视觉效果更容易得到消费者的青睐，从而有效提升店铺的转化率，促进产品的销售。

### 3. 自然的场景带入

这种心理其实就是消费者往往会把自己带入到图片的场景中去，特别是当画面场景与消费者心理高度符合的时候，效果就会更加显著。因此，商家在拍摄产品时，应该首先找准目标受众，然后对产品进行准确的定位，最后就是根据定位和受众来拍摄画面。

## 11.1.4 视觉内容有价值、易消化

任何事物都需要用内容作支撑，视觉营销也是如此。可以说，视觉内容是展开视觉营销的基础，它需要具有价值，不然消费者不会欣然接受，当然也就无法顺利进行视觉营销。而且，随着线上购物的不断发展，以及口碑效应的日益累积，消费者的评论和反馈显得越来越重要，他们传递的视觉内容同样也影响着企业和商家的销售额和品牌形象。那么，不同的商业类型究竟适合什么样的视觉内容呢？笔者将其总结为几点，具体内容如图 11-8 所示。

图 11-8 不同的商业类型适用的视觉内容

了解了不同商业类型适用的视觉内容之后，还要为视觉内容的优质与否制订标准，具体内容如图 11-9 所示。

做到了以上几点，那么视觉内容就可以算得上是比较出众了，当然，还有一点不可忽视，那就是视觉内容要遵从简单的原则，通俗易懂。而且企业和商家在打造内容时，还要对消费者做出承诺，这样的话，才能够为视觉营销的成功打好基础。

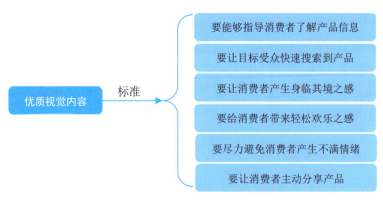

图 11-9　优质视觉内容的标准

### 11.1.5　图片形式展现营销理念

在传达营销理念的时候，图形更容易概括信息，也能够避免人们长时间地观看冗长呆板的文字，可视化工具主要有思维导图、饼图、表格等，图形的具体优势主要体现在如图 11-10 所示的几个方面。

图 11-10　图形的具体优势

> **专家提醒**
>
> 　　图表的形式主要分为五种：流程图、层级图、折线图、思维导图、时间线。这其中，流程图适用于展示事情运作的具体步骤，比如介绍产品；层级图比较适合展现案例调查报告，因为它可以对事物进行分类，从而展示其相互联系；折线图则是为产品的销售状况量身打造的，它能够记录一段时间的数值变化状况；思维导图是通过圆圈来表述不同信息的内容；时间线则与时间密切相关，主要体现时间与数据的关系。

选择图表传递信息时，要选择正确的类型，不然结果只会适得其反，达到简单明了的效果才是真谛。

## 11.2　7种视觉营销必会技巧

对运营者来说，把用户成功引流到平台上是不够的，我们要做的是把这些引流来的用户成功地留在平台上，让他们为平台的发展提供助力。本节就围绕这一问题，对多种技巧进行讲解。

### 11.2.1　品牌Logo就是无形资产

现在社会的物质生活水平飞涨，客户在挑选商品的时候已经不再只限于实用性或是质量等评判标准上了，品牌的整体设计风格已经成为非常重要的购物体验。

在视觉营销当中，企业的品牌Logo是客户第一眼注意的东西，它一般都会被放在各大电商网站显眼的位置，设计得合不合理、好不好看，也可以成为用户要不要点进去浏览一番的重要判断标准。

甚至有些Logo，已经成为某个品牌的重要符号，很多人在选择商品选择品牌时，都会通过Logo来判断品牌，客户可能不知道品牌的正式名称到底是什么，但他们一定会认识名牌Logo，比如宾利的标志，如图11-11所示。

图11-11　宾利的标志

所以说，就现在的趋势来说，Logo在一个品牌中的作用越来越显著，可以算得上是品牌的无形资产，这也就注定了它将会陪伴品牌一直走下去，不能随意更换，所以笔者接下来就为各位读者们来分析一下品牌在设计Logo的时候所要遵循的原则。

#### 1. 注重协调性与简洁性

在中国古代建筑中，建筑师十分注重"中轴线"原则。意思就是整个建筑的设计应该是对称的，是均等的。这种建筑形式之所以被主流所认同，也是因为具有协调性的东西可以最大程度上让人感到身心愉悦，看上去舒服、干净、生活感强烈。

所以一般来说，Logo 的设计最基本的一条原则就是协调性强。其实一般的国际大品牌，比如圣罗兰，会选择简单均衡的方式设计 Logo，如图 11-12 所示，这样能够显出商品的高贵与大气。很多时候，简单比繁杂更加让人心动。

图 11-12　圣罗兰的 Logo

### 2．Logo 需要和品牌风格相衬

每个品牌都有自己的商品定位，比如护肤品中的相宜本草和森田药妆。从商品定位角度上来说，如图 11-13（a）所示，相宜本草致力于中草药护肤，所以它的 Logo 设计得非常清新，就像是一棵草的形状，人们会直观地感受到护肤品的自然和温和。而森田药妆（见图 11-13（b））是药妆品牌，商家同样也抓住了这一重点，Logo 设计得很简洁，呈现的是"十"字形状，暗示是"医生"的意思。

　　　　(a)　　　　　　　　　　　(b)

图 11-13　相宜本草和森田药妆的 Logo

商家在设计 Logo 的时候可以将重点放在企业的整体定位上，这样才能将 Logo 身上广告位的价值发挥到最大。

### 3．注重文字排版

现在很多企业的 Logo 干脆就是企业名称，这样免去了顾客对图片和文字的双重记忆。而且文字通过花体字写出来是十分具有美观性的。现在中国也有一些

企业选择将 Logo 做成品牌名称的形式，比如百雀羚，如图 11-14 所示。

图 11-14　百雀羚的 Logo

## 11.2.2　品牌色彩是一个品牌的主色调

从视觉营销角度来说，如何吸引客户与留住客户是较为重要的问题。所以许多商家都在店铺和商品的视觉设计上花费很多心血，其实就设计来说，色彩的构造是一个基础却又复杂的学问：精致的色彩搭配会让人觉得赏心悦目，产生兴趣；而搭配得太过粗糙而土气的，则会让人不免蹙眉，并且失去任何想要仔细看看的心情。

其实店铺和产品关于色彩的搭配都是大有学问，很多品牌店铺的配色都与它产品的定位有关，比如护肤品品牌百雀羚，如图 11-15 所示。

图 11-15　品牌"百雀羚"的店铺界面

进入百雀羚的官方旗舰店，很明显的可以看出，整体色调都是绿色的。其实这是因为百雀羚这个品牌主打的就是"草本植物"纯天然护肤，它的系列产品大部分都是绿色调的。这个配色就比较清新统一，主要是想让消费者浏览时比较舒服，不至于被太多颜色晃花眼睛。

当然，除去这种比较清新的色调搭配以外，也有一些品牌故意使用差异很大的颜色进行碰撞，制造出富有生机的感觉。但是一般运用这种配色的，都是少女系的服装品牌。举个例子，服装品牌"乐町"，主打的是少女系服装。

图11-16所示为乐町的官方旗舰店的首页，从图中可以看出页面配色十分大胆。

图11-16  服装品牌乐町官方旗舰店首页

### 11.2.3  全方位统一刻画产品专属印象

其实不管是Logo也好、产品包装也罢，都必须要围绕产品定位来设计。就拿服装来说，它是低调奢华？还是青春靓丽？或是邻家气质？又或是居家舒适？针对的是哪个年龄段的人？男人还是女人？价位如何？等等，这样一些需要思考的定位问题都会影响到产品的包装。

所以说，每一个品牌在设计自家包装时，都要结合品牌的特点，找出自身独特的个性，首先让产品包装给人们耳目一新的感觉，这样才能让对方印象深刻。让我们来看一个例子，如图11-17所示，这是德芙巧克力的广告。

图11-17  德芙巧克力的广告

如图11-17所示，可以得到一个很直观的体验，那就是"丝滑"。这也是德芙这个品牌一直在追求的质感。让巧克力幻化成为清莹剔透的丝巾柔柔软软地随意飘散，没有吃之前就可以通过视觉感受到"丝滑"，就这一点来说，德芙巧克力的产品包装设计也确实是十分符合产品定位了。

视觉营销当中，商品的数量实在是太杂太多、让人挑花眼。商家若是想让品牌的商品脱颖而出，就必须在包装上做出一些"质"的改变，让其他所有同类商品望而却步，这样才能开拓市场，在视觉营销当中占有一席之地。

### 11.2.4  构建店铺结构，轻松找到需求商品

店铺的结构就好比建一栋房子，在打好基础的同时还要对其进行合理的布局，

有些店铺的结构层次分明，商品的排列也井然有序，消费者一眼就能找到自己需要的商品；而有的店铺的结构则是杂乱无章、混乱不堪，不仅没有层次，还有可能会重复展示商品信息。如果你面前摆着这两种店铺，你会选择继续浏览哪一家，并进行购物呢？我想答案是显而易见的，任何人都喜欢一目了然的信息排列，轻松又不费时。

由此可见，店铺结构的合理设计有多么重要。一般而言，店铺的主要结构由首页、列表页和详情页组成，店铺的各个页面又由页头、页面和页尾组成。

## 11.2.5　首页巧妙布局，提供便捷商品展示

店铺首页布局主要是为了借助商品的展示来吸引消费者的兴趣，然后给消费者明确地指导，最后达到视觉营销的目的。首页布局的成功，能够使得消费者在短时间内树立起对店铺的信任，也给予了消费者方便。

图 11-18 所示为 beats 官方旗舰店首页，从清晰的风格、统一的色调、明了的结构可以看出，这是一个比较成功的店铺页面布局。

图 11-18　beats 官方旗舰店首页

显而易见，首页布局的作用十分重要，而其具体作用如图 11-19 所示。

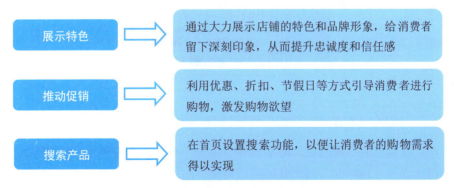

图 11-19　首页布局的具体作用

**专家提醒**

此外，首页布局的作用还体现在旺旺客服、公告提醒等方面，其目的与以上三大作用也是一致的，就是为了让消费者的购物旅程更加顺畅、便捷。

同时，在进行首页布局的设计时，需要关注的指标有很多，因为这些指标和产品与店铺的销售以及转化率密切相关。那么，首页需要关注的指标有哪些呢？笔者将其总结为访问量与访客量、跳失率、出店率和从首页来的点击率。在关注这些指标的过程中，你可以了解到很多重要的信息，从而对首页进行合理的布局。

比如，首页到商品详情页的点击率，可以看出消费者对哪种产品更为关注，如果与首页展示的产品不一致，就可以换掉；从首页到分类页的点击率，也可以看出消费者喜欢浏览的商品类型，从而在首页重点显示。

首页根据功能可以分为好几个部分，这里主要介绍店招和Logo。店招是首页的重中之重，它的主要作用是传递信息，通常位于首页的最上方，其传递的内容主要有店铺产品、店铺品牌和店铺价位，所以不可以随意设计。

图11-20所示为雀巢首页的店招，从图中可以看出，不仅介绍了产品（奶粉、咖啡）、价位（右边的图），还宣传了推出的优惠产品组合，让人有进一步了解的欲望。

图 11-20　雀巢首页的店招

## 11.2.6　将商品更加美观地陈列给顾客

在店铺视觉的打造当中，商品陈列也是一门十分讲究的学问。商品陈列页面设计得越漂亮、越符合普通大众的视觉审美，自然光顾的客户就会越多。那么，线上店铺有哪些科学又美观的商品陈列方式呢？下面就为大家一一介绍。

## 1. 同类分类法

同类分类法是按照商品的类型分门别类。图 11-21 所示为一家售卖电器的店铺，商家将商品按照不同类型分开，这是手机模块的一部分。除了陈列清晰以外，这种方式还便于用户挑选，让客户在同类型商品中选择最中意的一个。

图 11-21　同类商品放置在一起

## 2. 对比法

这里的对比指的是颜色的对比，这种对比的排列方式最常用于服装类。因为同色系的衣物堆在一起可能会让消费者一时判断不出这些服装的区别，而将颜色不同的商品放在一起对比可能会明显一些，消费者也可以一眼判断出喜欢的类型，如图 11-22 所示。

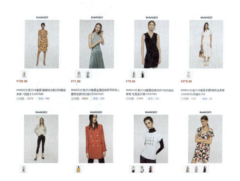

图 11-22　颜色不一样的衣服放置在一起

## 3. 突出重点法

在商品布置的过程常有陈列出来的图片信息太多太杂，没有突出售卖商品的特色的问题，这是需要避免的。图 11-23 所示为捷安特品牌店铺的商品陈列。

图 11-23　捷安特店铺的商品陈列

从图 11-22 中可以看出，商品在画面中展示的所占面积大小不一，也就说明商品的重要性程度不一，热销的商品往往会占据更大的面积。重点突出的商品陈列不仅信息明确，而且从美学角度上来说，有留白的地方，给人的感觉会更加干净、舒服。

### 11.2.7　如何提炼出绝佳的产品视觉创意

有时候将产品通过特殊的方式排列起来，会形成富有创意的视觉效果，比如通常在超市或者大型卖场会看见用产品搭建的卡通人物、建筑、数字或创意图形等，如图 11-24 所示。

图 11-24　产品排列的创意图形

在产品的展示页面中，也可以采用这种方式，通过富有创意的排列组合，带给人们非同一般的视觉享受。当然，还可以通过产品颜色的搭配来形成文字，以便烘托节日气氛。

这种产品的特殊排列方式也可以运用在店铺的首页中，其优势主要有：吸引消费者的注意力；与活动主题相契合；感受到店铺的产品优势；与其他店铺区别开来。

# 第 12 章

## 推广：打造良好口碑抢占用户市场

**学前提示**　　随着时代的不断发展和进步，一个企业的口碑变得越来越重要，口碑营销也在市场中占据着举足轻重的地位。如何有效打造口碑，获得消费者的一致好评，已经成为每个企业需要重视的问题，本章将大致介绍几种树立企业口碑、打响企业品牌的方法，以供读者参考。

**要点展示**
- ▶ 打造口碑轻松获取如潮好评
- ▶ 打造产品轻松占有目标市场
- ▶ 完善售后是树立口碑的关键

## 12.1 打造口碑轻松获取如潮好评

一个企业如果口碑很好的话,有利于打响企业的品牌,也会获得客户的不断好评。那么,打造口碑有哪些方法和途径呢?本节将向读者进行相关介绍。

### 12.1.1 树立口碑,打响企业品牌

"口碑"一词的意思就是众人口头上的赞扬,泛指大众的议论,是大众对某一事物稳定且一致的看法,以口头传播为主。从这里可以看出,任何产品在被消费者购买、使用之后,都会产生相应的购物感受,继而为产品传播口碑。

随着移动互联网的不断发展,产品的口碑传播方式也越来越多,同时也让更多普通人摇身一变,成为产品口碑的代言人。下面分别详细介绍这两者的现状。

**1. 口碑传播途径增多**

在以前,口碑传播的途径比较单一,主要依靠人们的口头传播。但如今,口碑的传播方式发生了翻天覆地的变化,从口头传播到通过各种移动设备互相交流、传播,口碑的传播方式越来越丰富。笔者将其大致总结为几点,如图12-1所示。

图12-1 口碑传播的新渠道

消费者可以利用移动端设备,随时登录微信、今日头条、斗鱼、熊猫、微博等社交软件,通过各种"空间"和"圈子"把自己对产品的使用感想发布出去,以供其他消费者借鉴和参考。这样一来,口碑传播的渠道就更加广泛,影响的人群范围也更广。所以,处在如今这个时代下,产品的口碑已经变得愈发重要。

**2. 有些人专为口碑"代言"**

口碑传播渠道的日益丰富也使得越来越多的人倾向于和他人分享自己的消费

体验，一方面有电子设备的技术支持，另一方面有社交软件的平台支撑，每个人都有为口碑"代言"的机会。

比如，微博就有很多专门推荐产品的账号，他们既推荐好物，同时还会不定期向大众发送福利。图 12-2 所示为微博上推荐产品的某账号内容。

图 12-2　微博上推荐产品的某账号内容

除了这种已经带有专业性质的口碑宣传，平时我们在朋友圈中晒的餐厅等，在朋友的评论中也会形成口碑效应，使得我们在不经意间也变成了口碑的"代言人"，为产品的口碑起到了一定的传播作用。

## 12.1.2　满足用户需求，提供优质体验

在这个体验经济的时代，消费者的体验成为重中之重。每个企业都应该关注消费者的需求，为其打造最舒适的购物体验，让消费者享受到购物的乐趣所在。下面笔者将大致介绍消费者体验与口碑之间千丝万缕的关系。

### 1．口碑打造：优质＋体验

在移动互联网高速发展的今天，体验经济使得企业口碑传播得更为迅速。只有为消费者提供优质的消费体验，才能打造良好的口碑。最好要保持自己的特色，做到尊重每一位消费者。

## 2. 口碑打造：体验＞打广告

很多企业和商家认为只要通过打广告的方式就能让自己的品牌做到无人不知、无人不晓，于是在产品和企业品牌的广告方面注入了不少心血。殊不知，这种口碑打造的方式在体验经济的时代已经不那么管用了。

广告打得再好，消费者如果不愿意相信，也是"竹篮打水一场空"，白白浪费时间和精力。因此，企业最好是做好体验，提供良好的产品和购物环境，这样才能缩短消费者与企业之间的距离，从而打造口碑。

## 3. 口碑打造：第一印象很关键

很多消费者都有"先入为主"的观念，因此企业要格外重视产品留给消费者的第一印象，因为第一印象留得好，就很有可能吸引消费者再次进行消费。

因此，企业要是想树立口碑，在竞争日益激烈的市场赢得自己的一片天地，就要重视产品给消费者的第一印象，并懂得怎样利用产品的第一印象吸引消费者的眼球。

**专家提醒**

值得注意的是，企业要想树立良好口碑，还应该多站在消费者的角度看问题。这样做有利于企业不断完善和提升自己，也让消费者感受到企业无微不至的关怀，从而更加认可企业的品牌。

### 12.1.3 粉丝口碑是良好的基石

"粉丝"是由英文"Fans"音译而来，意思就是狂热者、爱好者的集合。而在互联网时代，粉丝的力量更加不可忽视，企业要想打造爆品、树立口碑，就应该大力培养粉丝群体，让粉丝成为企业口碑的基石。

下面介绍粉丝与口碑打造的关系，看看如何利用粉丝来为企业树立口碑。

## 1. 用粉丝的语言打响品牌

古语有云：众口铄金。如果一个东西被很多人谈到或者是夸奖，那么这个东西即便本身没有很大的优点，也会被众人所知。因此，利用粉丝群体让企业的品牌和口碑传播出去，才是打造口碑的正确方法。

> **专家提醒**
> 
> 利用粉丝的力量打造企业口碑时，同时也要注意粉丝虽然可以树立口碑，但如果企业的产品和服务做得不够好，粉丝同样也可以毁掉企业的品牌和口碑。

### 2．提升粉丝忠诚度

铁杆粉丝是粉丝的升级版，"关系很铁"意思就是两个人之间的忠诚度很高，对于企业而言，铁杆粉丝就是对企业品牌忠诚度很高的消费群体。一个企业想要在市场上长久地立于不败之地，就必须花心血为自己的品牌培养一定数量的铁杆粉丝，让他们成为品牌和口碑的基石。

那么，企业具体应该怎样做才能培养出自己品牌的铁杆粉丝，并将口碑传播开来呢？笔者将其技巧总结为3点：第一，培养粉丝对企业的好感；第二，通过活动进行情感维护；第三，为粉丝打造专属圈子。

### 3．让"消费带头人"为口碑造势

粉丝中的"消费带头人"带有明星和名人的性质，能够带动其他消费者进行企业口碑的宣传。

如自媒体平台和社交平台上的一些拥有众多粉丝的大V和名人，只要他们稍做推荐，就会使得一大批粉丝争相购买，这就是粉丝中的"消费带头人"的影响力所在。

> **专家提醒**
> 
> 粉丝中的"消费带头人"虽然拥有很大的影响力，能够带动粉丝进行消费，但企业要对其做好相关工作，才能使其发挥出应有的实力，为树立企业口碑助力。

值得注意的是，企业应该怎么做才能发挥出粉丝中的"消费带头人"的作用，从而打造口碑呢？笔者将其方法总结为几点，如图12-3所示。

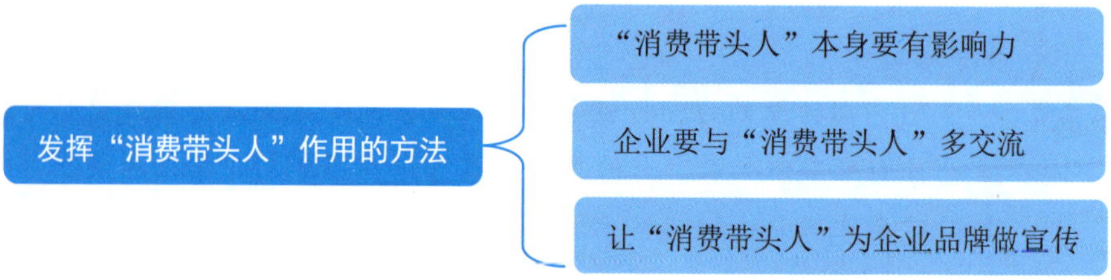

发挥"消费带头人"作用的方法：
- "消费带头人"本身要有影响力
- 企业要与"消费带头人"多交流
- 让"消费带头人"为企业品牌做宣传

图12-3　企业发挥"消费带头人"作用的方法

### 12.1.4　赢得信任，助力扩大市场

获得消费者的信任是一个企业必须做到的，因为只有让消费者相信自己，才能打造企业的良好口碑。企业和商家最明智的做法就是把取得消费者的信任放在首位，通过各种高效的方法来赢得消费者的好感，从而推动企业口碑的树立，扩大市场。下面笔者将大致介绍企业和商家如何利用信任感打造口碑。

**1．尽量避免出现信任危机**

获得消费者的信任是一个长时间累积的过程，需要用心维护、细心呵护。但很多时候，企业的产品或者服务总是会出现一些问题，面对这样的情况，企业一定要及时、妥善地处理，避免信任危机的出现和蔓延。

笔者将消费者容易产生质疑的情形总结了几点，如图12-4所示。

消费者产生质疑的情形：
- 产品出现质量问题
- 产品的价格较高
- 产品的用户体验不好
- 合理诉求得不到满足

图12-4　消费者产生质疑的情形

**2．对消费者敞开心扉**

企业和商家想要利用信任感打造口碑，就应该向消费者敞开心扉，凡事都做到公开、透明，与消费者共同分享。此外，获得消费者的信任不是一朝一夕就可以完成的事情，需要慢慢积累，然后才能帮助企业打造好口碑。那么，企业如何

做到公开、透明，对消费者敞开心扉呢？首先要将产品的生产过程公之于众，再就是及时与消费者进行沟通，最后是定期发布企业相关信息。

企业主动拉近与消费者的距离，并采取一系列相关的有效措施，就会比较容易俘获消费者的心，取得他们的信任，从而为企业口碑的树立打下良好基础。

### 3．要信守承诺

承诺是一个比较严肃、沉重的字眼，信守承诺是一个人或一个企业获得他人信任的最有效方法，一个企业如果承诺消费者的都做到了，那么就很容易获得消费者的信任，并树立起自己的口碑。当然，企业在用承诺获得消费者信任的同时，也应该注意一些问题，首先是不要轻易地给予承诺，再就是承诺一定要及时兑现。

当然，取得消费者的信任感还有很多其他的方法，但最重要的就是企业要持有认真的态度去对待消费者，这才是利用信任感打造口碑的正确途径。

## 12.2 打造产品轻松占有目标市场

产品的打造依赖于各方面的共同作用，为了通过产品的打造来实现企业口碑的树立，就应该从理念、精神、个性、比衬等角度对产品进行定位和加工。在这个时代，产品的打造环节更为复杂却更加快速，这也决定了企业和产品应该如何树立口碑。

### 12.2.1 产品定位打造口碑营销

利用产品打造来树立口碑，首先需要明确的是如何对产品进行定位。产品定位就是企业根据消费者或者消费市场的诉求来设计相对应的产品，使得消费者得到满足。那么，企业具体应该如何对产品定位呢？下面笔者将详细介绍利用产品定位进行口碑打造的相关要点。

#### 1．口碑营销要以产品定位为中心

想要利用产品定位树立企业的良好口碑，最重要的就是营销不能脱离定位。虽然很多企业给产品进行了正确定位，但他们往往会忽略产品定位与营销之间的联系，从而酿成"事倍功半"的后果，导致金钱和时间的双重浪费。那么，我们要明确的就是，在对一个产品进行定位时，需要考虑哪些因素呢？笔者将其大致总结为外观、目标群体、功能这几点。

如果企业已经确定了产品的定位，就应该把口碑营销的设计与产品的定位相结合。在进行营销时，也不能忽视产品定位考虑的因素，切记一切都要以产品定位为中心，如此才能打造企业的好口碑。

#### 2. 为产品添上潜在消费者喜爱的因素

企业在对产品定位时，一般都会对其目标消费人群进行锁定，也就是企业在产品诞生之前或诞生之初就会定位好产品的主要销售对象。在明确了目标消费人群之后，为了能够更有把握吸引他们，企业最明智的做法就是在产品中加入消费者喜爱的因素，比如美观的包装、实用的功能等。

#### 3. 把产品做到极致

想要对产品的定位进行扩展，获得更多消费者的喜爱和支持，就要保证产品的质量和功能。因为只有质量能够达标，功能实用且丰富，才能更加有效地吸引消费者，从而打造良好口碑。

因此，最好的办法就是把产品做到极致，让自己的产品强大起来，这样一来就为利用定位增添底气，拓宽范围，而不仅仅局限于小部分的消费人群。

以小米公司为例，它在"死磕极致"的道路上一直坚持着，为消费者带来了一款又一款充满惊喜的产品。小米公司的成功定位，促使小米的发展越来越好，同时也大力推动了口碑营销，获得了电子产品爱好者和科技痴迷者的追捧和支持，从而为企业树立了良好的口碑。

### 12.2.2 巧妙沟通获取用户好感

在客服运营中，巧妙地沟通也是重要的技巧之一，一是为了获得用户的好感，二是为了推销自己的产品，提高成交率。很多企业可能忽视客服这方面的工作，但实际上，这也是运营取胜不可多得的法宝。那么，对于淘宝客服而言，如何灵活沟通才能取得良好的效果呢？下面简单介绍3个要点。

（1）注意用语：客服人员不能直接说"不能""不可以"，这样顾客很可能会被客服人员的强硬态度直接吓走，要会灵活变通。

（2）巧妙肯定：在沟通交流过程中，客服人员带给顾客的感觉至关重要。顾客要的是愉快的购物，如果客服人员能够让顾客觉得是享受，那么，顾客往往也更容易买账。而让顾客产生享受的购物体验的关键，就是在与顾客沟通交流的过程中多给予肯定的回复，使顾客产生认同感。

(3)适时反问:有时候,部分顾客在询问某些问题时,可能没有多想,所以会提出一些可笑的问题,而客服人员也不好直接给出答案,此时,便可以通过反问,让顾客意识到自身问题的不合理性,从而避免沟通过程中的尴尬。

### 12.2.3 精确定位使产品拥有核心精神

一个企业,想要在众多同类型的企业中脱颖而出,并且得到消费者的追捧和喜爱,从而树立口碑,就应该为自己的产品赋予独特的精神属性,使得产品的内涵更加深厚。

因此,一些商家和企业为了在"夹缝中求生存",不得不提高对自己的要求,不断改进产品和服务,以便在"弱肉强食"的市场中占据一席之地。

在这个时候,企业就会发挥锲而不舍的"工匠精神",认真对产品和服务进行研究,做到一丝不苟、尽心竭力。这样一来,消费者就会被企业的这种真诚的精神感动和折服,从而购买企业的产品,为企业的口碑打造奉献出自己的一分力量。

"三只松鼠"就是典型的以"工匠精神"为企业文化和产品属性的电商平台,其界面如图 12-5 所示。

图 12-5 "三只松鼠"电商平台

"三只松鼠"主要经营范围为坚果食品,从 2012 年开始,刚推出两个多月,就获得了网上坚果行业销售第一的突出成绩。"三只松鼠"的成功就是有赖于企业对产品细致入微、臻于极致的不懈精神。

为了解决网上购买食品最引人关注的两大问题——"新鲜"和"安全"。"三只松鼠"从供应链入手,其具体流程做法如图 12-6 所示。

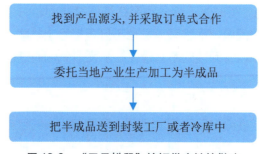

图 12-6 "三只松鼠"缩短供应链的做法

这样一来，既可以让产品尽快为消费者所用，又可以有效掌控产品的质量。"三只松鼠"所坚守的原则就是尽量让产品从生产到消费者享用的时间控制在一个月以内，从而让消费者感受产品的最佳品质。

## 12.2.4 利用同行比衬为产品宣传

打造产品还可以借助比衬这一行之有效的方法，如果企业想要通过产品的打造来赢得市场口碑，吸引消费者的购买力，也可以借助别的知名品牌的名气。通俗地说，就是借势为自己的产品打广告、做宣传。

一般而言，这种方法是为新兴企业打响自己的品牌而量身定做的，因为单单依靠企业自身的力量而被消费者熟知，并快速地树立起企业的口碑，是一件充满挑战性的事情。因此，企业一方面要保障产品的质量，另一方面也要学会借由比衬突出自身优势。那么，企业具体要怎么做呢？下面笔者将详细介绍比衬这一具体的操作方法。

### 1. 产品：质量 + 特色

虽然是利用其他品牌进行比衬，但企业切记要注重自身产品的质量：有保障、有个性、有亮点。

如果企业自身的产品毫无特色，而且质量又不过关，那么借助比衬突出的就是企业的缺点和不足，效果只会适得其反。反之，企业将会利用自己的独特优势获得消费者的赞同，从而迅速树立口碑。

以小米为例，其良好的功能和美观的设计一直被消费者所喜爱，同时也经常与苹果相比衬。众所周知，苹果手机一直以来是行业中的佼佼者，其功能和外观是相当出色的，那么，小米的优势在哪儿呢？

小米的成功之处就在于打造了自身专属的外观设计，让消费者在享用产品的强大功能的同时，还能够享受一场盛大的视觉盛宴。如图 12-7 所示，这是小米手机优美的外观设计。

图 12-7　设计美观的小米手机

### 2．比衬参考：知名＋实在

企业需要注意的是在选择别的企业作为比衬参考的时候，要有相应的标准，不能随意乱找，敷衍了事。具体的选择标准有：市场业绩要高、声誉要好、知名度要高。

选择这样的"靠谱"企业作为比衬，对于企业本身来说是比较有利的，因为大品牌往往已经形成了固定的消费群体和强大的影响力，借助大品牌的势头能够快速吸引消费者的关注，从而打造良好的口碑。

### 3．注意：不能贬低

企业在通过比衬来突出自身品牌时，切记不能走偏。比衬的实质是借势，而不是通过贬低别人而抬高自己，这是一种极其错误，甚至可以说是卑劣的行为。企业需要明确的有两点：比衬不等于"否定"；比衬不能恶意诽谤。

有些企业在比衬的过程中没有找对方向或者没有把握好尺度，就会走入"歧途"，做出对其他品牌不利的事情，比如故意抹黑、雇用水军等。这样做带来的结果只会让企业陷入困境，严重的话，可能会使得企业元气大伤。

## 12.2.5　细分市场寻找产品切入点

在进行产品打造之前，企业需要通过细分市场找到产品打造的切入点，只有这样，才能精准地占领消费者市场。为了找到产品打造的切入点，更好地吸引消费者的注意力，企业要在市场的细分上下大功夫。一方面要注意了解市场的动态和趋势，另一方面要让企业的产品跟上市场的步伐和布局，做到精准出击，一触即发。

有些企业一头雾水、思绪混乱就开始对产品进行打造，但实际上这种做法的效率不高，因为企业打造出来的产品没有针对性，往往与市场的需求不对口。因此，企业需要做的就是细分市场，把自己的产品与市场的需求结合在一起，不求大、不求多，只求精且有效。

如此一来，企业就能打造出适合消费者的产品，得到消费者的大力认同和支持，从而树立起牢固的口碑。总之，企业要注重各方面细节，做到谨小慎微、一丝不苟，才能树立良好的口碑。

## 12.3　完善售后是树立口碑的关键

售后服务对于口碑的打造而言，是十分关键的一个环节。很多企业不注重售后的完善和提高，因此白白流失了很多客户，同时也错失了树立口碑的大好时机。本节将详细介绍如何打造售后，从而为企业树立口碑。

### 12.3.1　主动负责缓解消费者情绪

口碑的打造少不了高水平的售后服务，对于消费者而言，一个产品或者一个企业的售后服务决定了他们还会不会再次回头购物，或者为其进行口碑宣传。

面对消费者的抱怨，企业的售后服务一定要做到位，最重要的一点就是不能推卸责任，既然是购买了你的产品，无论什么环节，你都要负责。只有勇于承担责任，理智处理消费者的正当抱怨，缓解他们的怒气，才能获得他们的肯定。那么，商家面对消费者的抱怨具体要怎么做呢？下面笔者将详细介绍如何妥善处理消费者的抱怨。

#### 1. 承担责任不推脱

这是第一点也是最重要的一点。这种主动承担责任的做法，能让消费者感受商家敢于承担责任，并且还怀着一种真诚的态度，而不是对消费者敷衍了事。

对于企业而言，如果想要打造口碑，就应该正确对待消费者的抱怨和投诉。

无论怎么样,推脱责任是最不可取的方法。

### 2. 吸引消费者给好评

消费者一旦对产品或企业服务有了很大意见,就很难对产品产生好感,更别说给好评了。因此,这就需要企业或商家的售后人员向消费者道歉,并积极引导消费者。那么,具体的引导方式有哪些呢?笔者将其总结为几点,如图12-8所示。

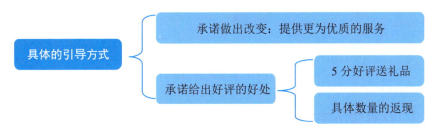

图 12-8　具体的引导方式

当然,在售后人员向消费者承认错误时也要采取适当的方式,以博得其理解和认可。总之,在接收到来自消费者的抱怨后,企业绝不能推脱责任,低头认错才是正确的解决之道。

## 12.3.2　主动沟通了解消费诉求

在产品销售出去之后,为了打造口碑,企业要做的就是主动跟消费者进行沟通。因为这样才知道自身的问题所在,以及消费者对产品有什么诉求或者建议。

例如,一家专卖家电的网络店铺在售出空调后,会主动对消费者进行售后咨询,比如对买的空调有什么期望或者有哪些不完善之处等,借此来了解消费者的购物意向。

除了这种直接对话的方法,企业还可以采用问卷调查的方法与用户进行沟通。如淘宝网会不定时给注册了淘宝账号的消费者以电子邮件的方式发放调查问卷,以了解消费者的看法,如图12-9所示。

商家通过与消费者的沟通就能更加准确地对自己的产品进行定位,或者是对产品重新进行升级改造。值得注意的是,在与消费者主动沟通时,企业的售后服务人员还要表现出热情积极的态度,让消费者感受到人情味。每一位消费者都是企业的上帝,如果没有把握好沟通的态度,就无法打造好的口碑。

图 12-9　淘宝网的调查问卷

## 12.3.3　认真倾听使工作更顺利

在购物的过程中，会有一些产品质量或者其他方面的问题，这个时候消费者就会向企业或者商家提出一些意见和建议。下面笔者将详细介绍认真倾听意见的要点。

### 1．静下心来聆听意见

消费者不会无缘无故向企业和商家投诉，如果不是因为产品或服务存在问题，消费者根本没有闲工夫和商家理论。因此，为了打造口碑，企业的售后服务人员一定要态度诚恳地倾听消费者发表对产品或企业的意见。那么，具体要如何静心倾听呢？笔者将其大致流程总结如图 12-10 所示。

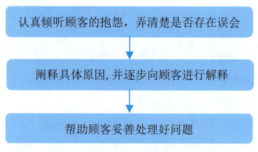

图 12-10　静心倾听的具体流程

### 2．对消费者说过的话进行确认

倾听，光是听了没有用，听了没理解或者听了不行动也是白搭。因此，企业的售后服务人员应该在消费者说完意见后，对消费者表达的意思进行确认。这样对口碑的打造有很大的优势，具体作用如图 12-11 所示。

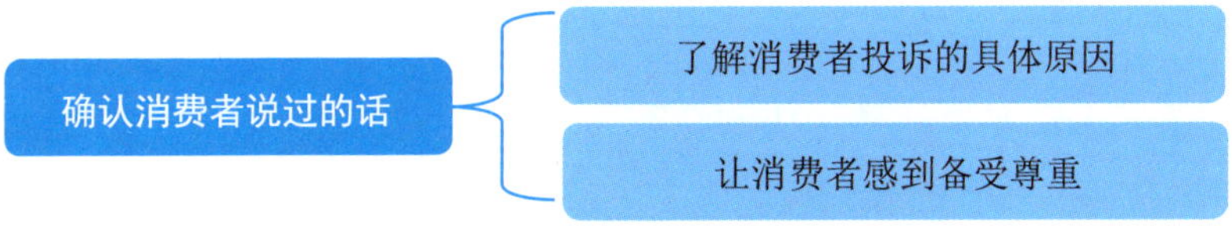

```
确认消费者说过的话 ─┬─ 了解消费者投诉的具体原因
                    └─ 让消费者感到备受尊重
```

图 12-11　确认消费者的话对商家的好处

认真倾听是一种实现顺利沟通的有效技巧，无论什么行业的售后服务人员，都要掌握这门技巧，以便为消费者表达自己的需求提供更加优质的服务。它可以培养消费者的好感和信任，使工作更加顺利。

倾听是最好的沟通语言，要打造口碑也需要认真的倾听。不要忘了顾客是上帝，需认真倾听"上帝"的诉求。

### 12.3.4　及时回复留下良好印象

除了倾听消费者的意见之外，企业还要注重解答消费者提出的疑问，并及时回复消费者给出的建议。如果企业没有第一时间给消费者答复，就会让消费者产生一种被忽视的感觉，从而留下不好的印象，对企业和产品的口碑造成负面的影响。

例如，小南在网上购买了 ukiss 的卸妆膏之后，却发现自己不太清楚使用方法，于是她向售后客服提出了疑问。客服以亲切、平易近人的态度耐心地为小南做出解答，整个沟通氛围十分友好，如图 12-12 所示。

图 12-12　售后客服与小南的对话

# 第 13 章

# 优化：通过数据分析获取更多用户

**学前提示**　与传统的营销推广方式不同，网络营销是一种更为主动的营销，网络营销需要以发展的眼光看待用户，主动收集和分析用户数据以及内容数据。

从数据中寻找可以吸引用户关注的热点内容，通过数据对新增的用户和流失的用户进行详细分析，可以更好地优化运营方式。

**要点展示**
- ▶ 微信后台数据推助平台运营
- ▶ 各平台热点和指数数据分析

## 13.1 微信后台数据推助平台运营

随着大数据概念的兴起，越来越多的企业在进行商业化运作的时候，都会结合大数据来进行分析，微信公众平台后台也开发出了一套数据分析系统，方便微信运营者能够利用微信后台的数据进行精准营销，那么对于运营者来说，需要分析什么数据呢？

### 13.1.1 分析图文数据阅读率

对微信运营者来说，分析图文数据是非常重要的工作，需依靠科学的数据来展开分析。进入微信公众平台，点击"图文分析"按钮，再点击"全部图文"按钮，就能进入全部图文分析页面，该页面主要以时间段来划分图文信息的综合情况，有"日报"和"小时报"两个可供查看的数据资料。

#### 1. 日报

在"日报"中，首先看到的是"昨日关键指标"中的数据内容，图13-1所示为"手机摄影构图大全"的"昨日关键指标"数据。

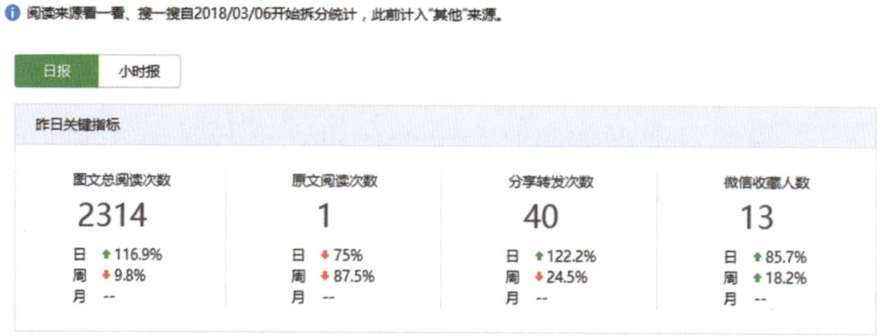

图13-1 "昨日关键指标"数据

从该关键指标中可以看出，"手机摄影构图大全"昨日的图文信息中的相关数据，包括图文总阅读次数、原文阅读次数、分享转发次数和微信收藏人数。

同时在各指标的下面，还有以"日""周""月"为单位的百分比对比数据，让微信运营者知道这些数据与一天前、一周前和一个月前的百分比变化情况。

在"昨日关键指标"下方，是图文总阅读来源分析，如图13-2所示，以及原文阅读次数和人数、分享转发次数和微信收藏人数3个数据的趋势图，如图13-3所示为原文页阅读的趋势图。如果微信运营者想要知道各个来源或者各个时间的具体数据，只要将鼠标指针放在相应的地方就能知道，如图13-2中，想要知道会话来源的人数占了多少百分比，只要将鼠标指针放在会话的绿色图形中，就会弹出相应会话人数百分比。如图13-3中，想要知道8月18日的原文页阅读人数和原文页阅读次数，只要将鼠标指针放在8月18日的上方，就能得到具体的数字。

图 13-2　图文页阅读的阅读来源分析

图 13-3　原文页阅读趋势图

如果想要和某个时间的数据进行对比，点击右上角的"按时间对比"按钮即可，如图13-4所示为2018年7月25日至2018年8月23日时间段数据与2018

年6月25日至2018年7月24日时间段数据相对比所形成的图形。

运营者还可以点击"时间"按钮右侧的下拉按钮，自定义数据对比的时间段，便可以观看各个时间段之间数据对比状况。除此之外，微信运营者还可以知道"最近7天""最近15天""最近30天"的相关数据。

图13-4　两时间段数据对比图形

在"图文总阅读"下面，能够看到各类渠道的"图文总阅读人数"和"图文总阅读次数"的趋势图，这些渠道包括"全部渠道""公众号会话""好友转发""朋友圈""历史消息""看一看""搜一搜"以及"其他"，如图13-5所示。

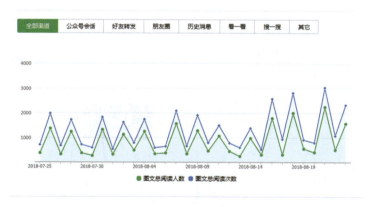

图13-5　渠道趋势图

在"日报"的最下面，是一个数据表格，通过这个表格，微信运营者能够了解不同日期的"图文总阅读""公众号会话阅读""朋友圈阅读""分享转发"和"微信收藏人数"的人数和次数，同时，微信运营者点击右上角的"导出Excel"按钮，就能导出表格，如图13-6所示。

| 时间 | 图文总阅读 | | 公众号会话阅读 | | 朋友圈阅读 | | 分享转发 | | 微信收藏人数 | |
|---|---|---|---|---|---|---|---|---|---|---|
| | 人数 | 次数 | 人数 | 次数 | 人数 | 次数 | 人数 | 次数 | 人数 | 次数 |
| 2018-08-23 | 1555 | 2314 | 1233 | 1611 | 151 | 173 | 30 | 40 | 13 | 18 |
| 2018-08-22 | 500 | 1067 | 220 | 319 | 115 | 121 | 15 | 18 | 7 | 7 |
| 2018-08-21 | 2235 | 3024 | 1399 | 1709 | 573 | 623 | 76 | 90 | 56 | 62 |
| 2018-08-20 | 398 | 786 | 118 | 207 | 78 | 87 | 19 | 26 | 3 | 3 |
| 2018-08-19 | 546 | 906 | 198 | 264 | 91 | 101 | 21 | 31 | 7 | 14 |
| 2018-08-18 | 1991 | 2805 | 1111 | 1475 | 328 | 362 | 64 | 89 | 35 | 39 |

图 13-6　导出"日报"表格

## 2．小时报

图文的"小时报"是为了让微信运营者了解每个小时的图文总阅读人数和次数的，点击"小时报"按钮，就能进入小时报页面，首先看到的是图文总阅读的阅读来源分析，如图 13-7 所示。

图 13-7　图文总阅读的阅读来源分析

在图文总阅读的阅读来源分析页面下方，和"日报"一样，是"全部渠道""公众号会话""好友转发""朋友圈""历史消息""看一看""搜一搜"以及"其他"的趋势图，是各个渠道图文总阅读的人数和次数的趋势图，如图 13-8 所示。

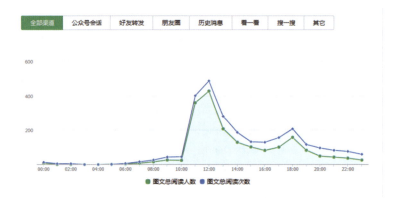

图 13-8　各个渠道的图文页阅读人数和次数趋势图

在"小时报"的最下面，包括"图文总阅读""公众号会话阅读""朋友圈阅读""分享转发"和"微信收藏人数"的人数和次数统计表，微信运营者同样可以点击右上角的"导出 Excel"按钮，导出表格，如图 13-9 所示。

图 13-9　导出"小时报"表格

**专家提醒**

根据数据抽样的方式，微信运营者可以分析出最合适的发布时间，那如何进行抽样呢？就是随机地抽取几天时间，然后分析这几天里，不同的时间点的数据情况，主要分析用户阅读次数和收藏次数等数据，抽样可以多抽几组，能够避免特殊情况出现，导致结果不准确。

## 13.1.2　分析单篇图文转化率

微信运营者如果想要了解单篇图文的转化率，以"手机摄影构图大全"公众号后台操作为例。在页面左侧的"统计"区域下方，点击"图文分析"按钮，进入"单篇图文"分析页面，如图 13-10 所示。

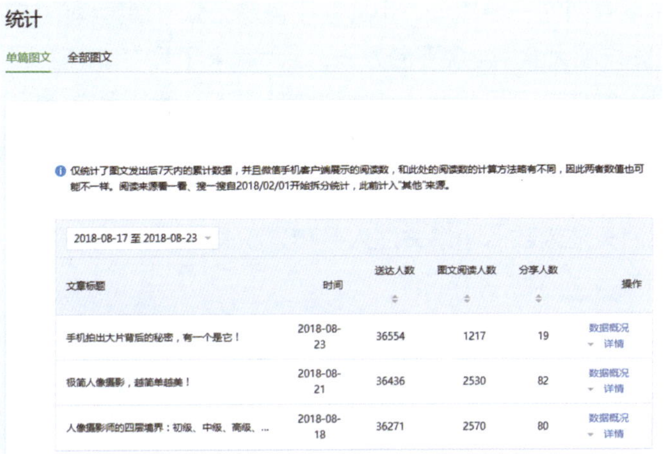

图 13-10　单篇图文页面

点击文章标题《手机拍出大片背后的秘密，有一个是它》后方的"详情"按钮，即可进入如图 13-11 所示的该文章转化率数据详情。

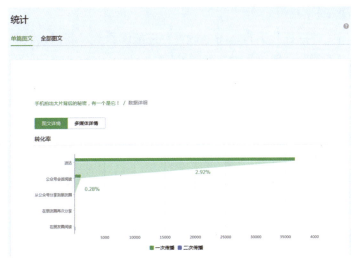

图 13-11　转化率数据详情

在转化率下面，还有"图文总阅读次数""图文总阅读人数"的趋势图，微信运营者可以根据趋势图更加直观地分析在不同的渠道里，这两组数据的总体趋势。

### 13.1.3 分析用户增长数据

微信公众平台的后台数据与用户的行为有着密切的关系，这层关系使微信公众营销成为时下营销的一种趋势，也造就了微信公众平台营销的成功。下面笔者将以"手机摄影构图大全"公众平台为例，让大家来了解"用户增长"数据的内容。

首先，进入微信公众号后台，点击"统计"下方的"用户分析"按钮，进入"用户增长"页面。可以看到"昨日关键指标"数据指标，其能够帮助平台运营人员了解用户的动向，在"昨日关键指标"上，可以看到四类数据，分别是：新关注人数、取消关注人数、净增关注人数和累积关注人数，如图 13-12 所示。

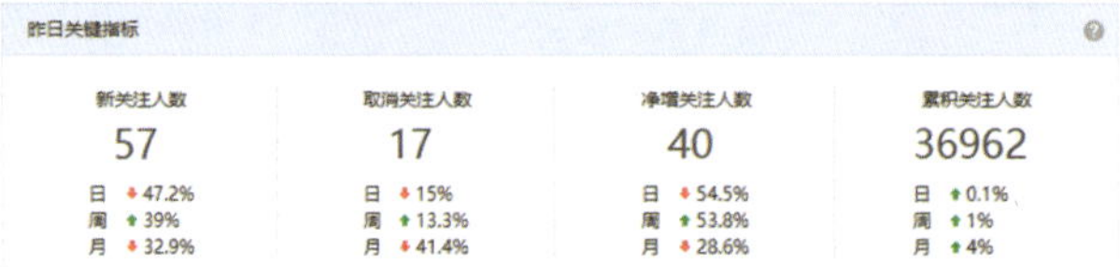

图 13-12　"昨日关键指标"数据显示页面

从图 13-12 可以看出，"昨日关键指标"主要是以"日""周""月"为时间单位轴，分析用户数量在不同时间点的变化情况。

**1. 新增人数**

在"昨日关键指标"下方，微信运营者还能够看到"新增人数""取消关注人数""净增人数""累积人数"的趋势图。

下面笔者为大家分析"新增人数"的趋势图，如图 13-13 所示。在"新增人数"的趋势图中，可以选择"30 天""15 天"和"7 天"这几个时间段查看"新增人数"趋势图。

图 13-13　"新增人数"趋势图

在分析新增人数的趋势数据图时，要注意两方面的内容：

（1）观察新增人数的趋势，以此来判断不同时间段的宣传效果。

（2）注意趋势图中的几个特殊的点——"峰点"和"谷点"，"峰点"就是趋势图上突然上升的节点，"谷点"就是趋势图上突然下降的节点，当出现很明显的"峰点"和"谷点"时，平台推送就可能发生不同寻常的效果。

此外，除了查看"7天""15天""30天"的趋势图，微信运营者还可以根据实际情况自定义时间段进行查看。

## 2．取消关注人数

"取消关注人数"也是运营者要着重关注的数据，因为维持一个老客户的成本要比增加一个新客户低得多。因此如果公众号遇到了取消关注的情况，就一定要重视起来，尤其是那种持续"掉粉"的情况，更加要分析其中的原因，尽可能防止这种情况再出现。

## 3．净增人数

公众平台后台的"净增人数"是用来表示一定时期内用户的净增人数，通过"净增人数"趋势图可以便利地查看公众号每天净增的用户数。同时，净增人数也是检验公众号推广效果的很好的手段，对比公众号在两个不同的时间点展开了不同内容的推广数据，从而就可以判断不同的推广产生的效果之间的不同，如图13-14所示为7月26日到8月24日和6月26日至7月25日之间的数据对比。

图13-14 "净增人数"的对比

### 4．累积人数

在"累积人数"趋势图里，可以看到企业微信公众平台的总人数的情况。如图 13-15 所示，这是"手机摄影构图大全"的"累积人数"的趋势图。

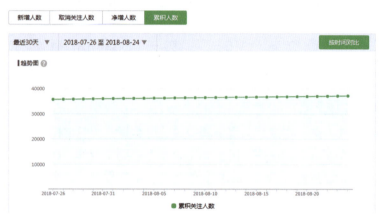

图 13-15　"累积人数"趋势图

"累积人数"趋势图展现了一定时期内的总体人数的增长情况，可以在特殊时间段里，"累积人数"趋势图还可以供微信运营者对数据进行深层次的分析。

例如，就可以用于查看公众号营销活动前、活动前期、活动中期和活动后期这四个时间段的"累积人数"趋势图来分析活动效果。通常成功的公众号活动，在活动前期的用户累积数会大幅增加，到了中期时，用户累积数会趋于平缓，等到了活动后期时，用户数可能会出现小幅度的波动。

但是，如果在活动后期，用户累积数突然大幅度下降，那么就说明活动策划可能存在某些问题，这是微信运营者和活动策划者需要重点注意的地方。

## 13.1.4　分析用户消息数据

在微信公众平台中，有"消息分析"一栏，在这一栏中，可以看到消息分析和消息关键词这两个部分的内容，具体介绍如下。

### 1．消息分析

这在"消息分析"功能中，有"小时报""日报""周报"和"月报"这四块内容，下面将从这四块内容分别进行介绍。

1）小时报

分析消息"小时报"的主要意义有以下两点。

- 判断用户的空闲时间，以此来制订与用户的互动时间和形式。
- 结合图文统计的"小时报"判断用户的职业情况。

因此微信公众平台在选择与用户进行互动的时间点的时候，要设身处地地站在用户的角度选择恰当的时间进行，这样才能取得更好的效果。

2）日报

"日报"是以"日"为单位进行消息分析的功能模块，微信运营者需要通过"日报"了解到：

- 相对于一天前、一周前、一个月前，昨天的用户消息数的增减情况。
- 固定时间内的消息发送人数、次数和人均发送次数的情况如何等。

3）周报

"周报"是以"周"为单位进行消息分析的功能模块，通过对周报的分析，微信运营者可以了解到：

- 每一周的用户发送的消息情况。
- 完整周周期内用户消息升降趋势。
- 根据所得趋势，了解用户的活跃度和积极性。

4）月报

消息分析功能中，最后一个功能模块就是"月报"，"月报"主要用来判断微信用户是否具备长期的积极性。

### 2．消息关键词

对于设置了关键词的微信公众平台而言，除了分析用户发送的消息数据之外，还要对平台的消息关键词进行相应的分析。

平台的消息关键词包括全部关键词分析、自定义关键词和非自定义关键词：

- 自定义关键词：企业微信公众平台定义的关键词。
- 非自定义关键词：不是企业微信公众平台定义的关键词。

## 13.2　各平台热点和指数数据分析

新媒体平台的运营者在平台后台除了可以通过查看图片式数据了解平台运营情况之外，还可以通过查看表单式的数据分析平台情况。一般而言，平台后台经常以数据表、百分比表、排行榜等多种表单形式呈现数据。本节主要介绍各平台的榜单查看方法与技巧。

### 13.2.1　查看新榜平台微信日榜排行

各新媒体平台的运营者除了可以依据后台显示的各类数据表，进行数据分析之外，还可以利用专业的数据统计平台的排行榜获得有价值的数据分析。下面是新榜平台在 2018 年 8 月 24 日这天的微信排行榜，如图 13-16 所示。

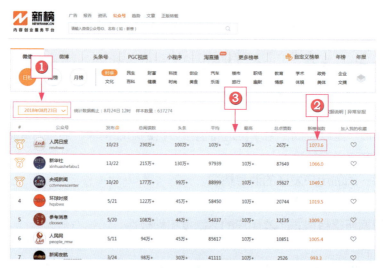

图 13-16　新榜平台微信日榜排行

图 13-16 所示是新榜平台 8 月 24 日统计的微信排行榜，通过微信排行榜，运营者可以充分了解热门微信公众号的各项数据，从而有利于平台运营情况的数据分析。运营者可以通过分析排行榜获取不少有价值的信息：

❶自定义时间栏：运营者可以点击时间栏，选择查看排行的具体时间，如上图显示为 2018 年 8 月 24 日，即统计出来的数据代表 8 月 24 日这天的微信公众号排名。另外，时间栏下拉列表框中可供选择的时间范围为 7 天。

❷新榜指数：新榜指数是新榜平台各类榜单排名的基础依据，如图 13-16 所示中排名第 1 位的微信公众号"人民日报"的新榜指数为 1073.6，同时这一新榜指数也是 8 月 24 日统计数据中最高的新榜指数。查看新榜指数可以帮助平台运营者对自身平台准确定位。

❸排行数据栏：在微信日榜排行中，我们可以通过查看排行的数据栏，明确微信公众号的各项数据，如"发布时间""总阅读数""头条数据""平均值""最高值"以及"总点赞数"等数据，如果想要了解微信公众号"人民日报"的总点赞数，通过该排行榜就可以了解到"人民日报"的总点赞数为 26 万＋。

## 13.2.2　查看今日头条媒体排行

如果平台运营者需要收集有关自媒体方面的数据，那么可以通过查看新榜平台今日头条媒体排行榜获得所需数据，如图13-17所示。

图13-17　新榜平台今日头条媒体排行榜

头条号的新榜数据查询与微信的数据查询方式相同，同样可以自定义时间栏，查看新榜指数和了解各头条号排行数据，十分有利于平台运营者的数据收集。

## 13.2.3　查看清博平台微博号排行

如果微博平台的运营者想要收集有关微信号排行的具体数据，可以登录清博平台查看微博号的排行情况，如图13-18所示。

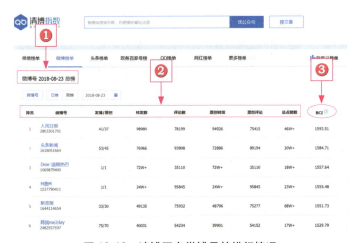

图13-18　清博平台微博号的排行情况

图13-18是2018年8月23日清博平台统计的微博号排行榜，通过分析此图，微博平台运营者可以了解到目前做得比较好的微博号有哪些，并且能快速获取不少信息。

❶自定义选择区：自定义选择区位于排行榜的左上角，这一区域的设定可以便于运营者或是平台用户自定义查看的具体时间点，有日榜和周榜两种选择，从图13-18中不难发现，该排行榜显示的是截至2018年8月23日微博号的排行情况，位于排行榜第1位的是微博号"人民日报"。

❷数据分类区：图中❷处是微博号排行榜的数据分类区，主要的数据种类有"排名""微博号""发博/原创""转发数""评论数""原创转发""原创评论""总点赞数"以及"BCI"，在相应的数据种类下面记载了相应微博号的各类数据，如果想要了解微博号"人民日报"的"总点赞数"这一数据，通过查看排行榜就可以发现"人民日报"的"总点赞数"量为46W+。

❸BCI指数：BCI指数是微博号排行的重要依据，主要由微博号的活跃度与传播度两大指标决定，当BCI指数越高时候，微博号的排名也会越靠前。

### 13.2.4 查看新浪新闻中心每周排行

热门新闻每周排行是新浪旗下的一个新闻排名统计平台，在该平台上，可以查看每周的新闻总排行情况，包括点击量排行、评论数排行、分享数排行等。同时，还有细分行业的排行情况，包括视频排行、图片排行、国内新闻排行、国际新闻排行、社会新闻排行、体育新闻排行、财经新闻排行、娱乐新闻排行、科技新闻排行和军事新闻排行的情况，如图13-19所示为热门新闻每周排行的页面。

图13-19 热门新闻每周排行页面

通过热门每周排行榜，可以了解一周内发生的众多热点事件，在查看新浪新闻中心每周新闻排行时，要注重以下几点：

❶排行榜选择区：在热门新闻每周排行中，为了满足不同读者的需求，分别设有不同种类的排行，如图13-19所示的"新闻总排行""点击量排行""评论数排行""分享数排行""视频排行"以及"图片排行"，在查看每周新闻排行时，可以结合具体的需求进行选择。

❷新闻标题：要想快速获取信息，可以从排行榜中的热门新闻的标题着手，一般而言，新闻标题是对整个事件的要素概括，可以从这一标题获取重点信息，比如什么人（物），在什么时间，在哪里干了什么。

## 13.2.5　查看搜索风云榜今日热点排行

微信公众平台的运营者可以在搜索风云榜上查看网民关注的兴趣点，然后结合自己的运营内容，将热点与自己的公众平台内容结合起来，推送给用户，这样更容易引起用户点击阅读。图13-20所示为搜索风云榜的今日热点排行榜。

从搜索风云榜的今日热点排行榜首页，可以发现获取不少信息：

❶今日热点排名：首先今日热点涉及的信息量大，种类也很丰富，要想快速了解今日最为热门的信息，查看今日热点的排名是最快的方法。排名越靠前意味着关注度越高，平台对于运营者可以结合热点排名，选择合适的营销热点。

❷热点关键词：通过了解热点关键词，一方面可以帮助运营者快速查询到所需信息；另一方面运营者可以结合大家关注的热点，在对商品进行描述时嵌入合适的关键词，从而提高平台商品的点击率，达到视觉营销的目的。

❸搜索指数：当相似度较高关键词的排名相差不大时，可以通过比较具体的搜索指数，确定最终选择的热点关键词。

图13-20　搜索风云榜的今日热点排行榜首页

## 13.2.6　查看搜狐网评日点击排行

在网评排行——搜狐上，可以通过网友对某一新闻的跟帖数和点击数，了解用户的关注点所在。图13-21所示为网评排行——搜狐的页面。

图13-21　网评排行——搜狐页面

平台运营者可以通过查看搜狐网评日点击量排行榜中获得以下几个方面的信息：

❶点击量排名：搜狐网的日点击量排行榜的左侧，清晰地反映出国内新闻点击量的排行情况，点击量的排名越靠前，意味着新闻的点击量越高，关注度也就越高。平台运营者可以根据这一排名，选择最热门的话题。

❷点击数：当运营者想要了解热点新闻的具体点击量时，可以通过查看排行榜右侧的数据，查明热点新闻的点击量，直观反映新闻热度，如图13-21中排行第1位的新闻的点击数为486581条。

# 第 14 章

## 导流：多种吸粉技巧解决转化难题

学前提示

新媒体的盛行让粉丝经济迅速崛起，这种依靠粉丝发展的运营方式让许多企业和商家纷纷转变战场，运营者想要经营好粉丝经济，如何进行粉丝导流和转化，这是一个极富挑战性的问题。

要点展示

▶ 了解新媒体的粉丝经济
▶ 运营者必会的导流方法

## 14.1 了解新媒体的粉丝经济

随着互联网和新媒体的不断发展，粉丝经济已经成为时下一种主要的经济形态。在粉丝经济迅速崛起的当下，粉丝是企业或商家发展的重要因素之一。可见，粉丝对企业或商家的发展有着重要的影响。

### 14.1.1 粉丝在新媒体时代的表现

依靠粉丝发展的营销方式是许多运营者转战新媒体的原因，但是企业要拥有自己的粉丝是一件极富挑战性的问题，而将粉丝转化成经济更是一个难题。

因此，运营者需要了解粉丝在新媒体时代的表现，抓住经济产生的时机，如图 14-1 所示。

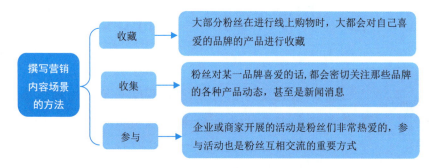

图 14-1 粉丝在新媒体时代的表现

### 14.1.2 粉丝转化的作用和影响

用户转化成粉丝后，粉丝也会转化到商品的购买上，给企业、运营者带去切实的利益。因此，粉丝转化是企业可持续发展的重要组成部分，更是影响企业活力的因素之一。另外，粉丝转化还有以下作用：

- 更加认同企业产品和品牌：有利于打造好口碑。
- 存在很大的互动成分：可以提高用户互动积极性。
- 增加顾客与商铺的黏性：提高购买率。
- 相互间的影响力：有很好的免费推广的效果。

## 14.2 运营者必会的导流方法

在新媒体平台上，运营的必要阶段一定是吸粉导流。而许多平台都可以进行导流引粉，那么，运营者需要想方设法地把商家信息放入新媒体平台的发文中，把新媒体平台上的用户或读者导入到自己需要引流的地方。

## 14.2.1 结尾放置介绍法

大多数新媒体运营者都知道在文章结尾放入导流语，可以对产品或微信公众号进行引流。下面介绍一种结尾放置简介法，建议运营者试验一下，看看效果如何。

结尾放置简介法，顾名思义就是在运营文章中放入运营者需要推广的产品、微信公众号或作者的介绍等。图 14-2 所示为微信公众号文章结尾介绍分享。

图 14-2　微信公众号文章结尾介绍分享

图 14-3 所示为今日头条文章结尾介绍分享。

图 14-3　今日头条文章结尾介绍分享

## 14.2.2　图文内容求关注引流法

新媒体平台的用户人群大多是 80、90 后，而此类人群比较个性化，喜欢搞笑、奇特或富有潮流性的东西，容易被不一样的形象吸引住。

因此，运营者可以抓住这一点，在文章内容中加入网络上较新颖的语言图片，来寻求关注和转发，如果你的图片或文字吸引住了用户注意力，自然会获取用户的关注。图 14-4 所示为内容有趣的求关注求赞的图文。

图 14-4　求关注求赞的图文分享

## 14.2.3　与广告推荐方合作法

在今日头条平台上，运营者会遇见专门的广告方或推荐方。图 14-5 所示的书问科普头条号就是一个关于图书的推荐号。

图 14-5　书问科普头条号的首页与部分内容

书问科普所展开的图书营销主要是收录优美的文章和文章所在的图书信息，在自己的头条号发表，让喜欢看图书的人有一个读书平台。运营者可以利用合作的方法，把自己要推广的图书信息与对方协商并发给对方。

图 14-6 所示为书问科普头条号宣传图书页面。

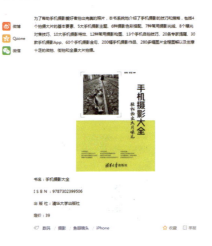

图 14-6　书问科普头条号宣传图书页面

## 14.2.4　留言答疑解惑导流粉丝

导流的方法有无数种，运营者应该一一试验，使用不同的方法进行导流，以防用户在阅读文章时就已知道引导的套路了。

另外，读者在阅读时，如果遇到自己喜欢或正在学习的领域，都会有想和作者聊聊、解答疑惑的冲动，运营者可以利用这一点，对疑问解答方面的引流语进行设计。

图 14-7 所示为某头条号的疑问解答留言导流语。

PS：本文由**构图君**原创、独创编写，1000多种构图技法和实拍作品，持续揭秘、剖析中。欢迎大家有好的构图想法或疑问，与构图君沟通。大家也可以VX订阅构图君的摄影公众号"**手机摄影构图大全**"查看更多好文。

转载请务必保留该信息，侵权必究！

图 14-7　疑问解答留言导流语

## 14.2.5　利用二维码引导粉丝关注

其实，有时运营者进行引流之后，很大一部分用户还是很愿意关注公众号查看更多信息的,但由于不知道如何添加和关注公众号,导致许多引流的机会都流失掉了。因此,建议运营者每次在文章中放入引流语时,在最后再加入简单的添加方法、步骤或二维码,引导读者快速、准确地添加自己的公众号。

图 14-8 所示为利用二维码引导用户关注的导流方法。

图 14-8  利用二维码引导用户关注

## 14.2.6  利用朋友圈获取人气

微信朋友圈是一个可以随时随地发表动态、展示心情的平台,很多人喜欢关注朋友圈的动态,看看自己朋友们的近况。

所以,企业可以利用微信朋友圈来做软文营销,从而获取流量、产品曝光率以及品牌关注度。

企业在朋友圈里运行软文营销之前,要先研究朋友圈以下两个特性。

(1)朋友特性:在朋友圈做软文营销就是拿自己的名誉做赌注,只要还想保持朋友关系,就不应该对自己的朋友坑蒙拐骗,这样就容易取得朋友们的信任。

(2)圈子特性:俗话说"物以类聚,人以群分",一个圈子里的一群人肯定是有共同爱好或共同经历,这也是软文营销在朋友圈运营的价值所在。

朋友圈的这两条特性,奠定了软文营销在朋友圈运营的强大威力和无限效果。在知道朋友圈特性之后,就要开始掌握一些技巧来发布软文了,下面介绍如图 14-9 所示的 6 点在朋友圈上运行软文营销的技巧。

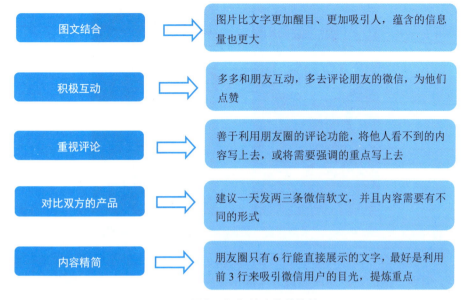

图 14-9　朋友圈运行软文营销的技巧

## 14.2.7　H5 显著提升软文效果

"H5"即 HTML5，也指一切用 H5 语言制作而成的数字产品，通俗点说，就相当于移动端的 PPT，常用于微信中。通过 H5 进行软文推广，主要是借助其形式上的新颖和便捷，能够为读者带来非同一般的视觉效果，进而实现营销目的。

H5 推广有着明显的优势，即推广成本低、传播力度大以及宣传效果好，如果我们想充分利用它的优势，就要做到对其特点十分了解。与此同时，还要注意如图 14-10 所示的 3 个问题。

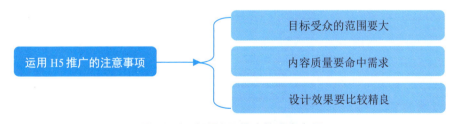

图 14-10　运用 H5 推广的注意事项

"百度外卖"的情人节案例，如图 14-11 所示，这是主题"情人'劫'攻略"的 H5 画面展示。

图 14-11 "百度外卖：情人'劫'攻略"H5 案例展示

这一案例的特色在于策划的用心，说出了男性过情人节不知道送什么礼物的心声。值得一提的是，用户设置好卡通形象之后，还可以进行保存和分享，以促进此 H5 案例的进一步传播和推广。

## 14.2.8 活动策划免费福利赠送

为什么超市促销、服装店甩卖总有人抢着去凑热闹？虽然人们都知道这是一种营销手段，但还是有很多人被吸引着。新媒体运营也可以利用这样的营销方式，不过，新媒体不是衣服、不是食物，人们也不会心甘情愿去用金钱购买。因此，运营者在使用福利吸引粉丝的时候，建议采取免费赠送的手段。例如，"手机摄影构图大全"微信公众号一周年活动，根据用户留言点赞数免费赠送图书，如图 14-12 所示。

图 14-12 根据用户留言点赞数免费赠送图书活动

从用户的名利心理分析，这样的免费福利，很容易吸引用户去关注公众号，但是也很容易看到某些用户下载免费资源后会立即取消关注，运营者这时不用感到失落。

因为，已经下载好资源的人大多都会有炫耀的心理，然后在自己的朋友圈或QQ空间发表得到的免费果实。从资源的传递来说，这无疑又是一次免费的宣传，可以让更多的用户看到公众号信息，而对资源感兴趣的用户都会纷纷来关注公众号下载资源，引流效果可想而知。

### 14.2.9 通讯录转化引流导粉

通讯录转化是指微信公众平台微信公众的运营者，将自己手机通讯录中的微信用户添加到自己的个人微信账号上，然后，给他们发送自己微信公众号的信息，从而将他们转化到自己的公众号上。

这种吸粉引流的方法，具有两个方面的特点，具体如图14-13所示。

图14-13 通讯录转化吸粉引流方法的特点

### 14.2.10 开展网络征稿大赛

运营者还可以通过在公众平台上，或者其他平台上开展各种大赛活动，进行吸粉引流。

这种活动通常在奖品或者其他条件的诱惑下，参加的人会比较多，而且通过这种大赛获得的粉丝质量都会比较高，因为他们会更加主动地去关注公众号的动态。

运营者可以选择的大赛活动类型非常多，但是原则是大赛的类型要尽量跟自己的公众号运营所处的行业、领域有关联，这样获得的粉丝才是有高价值的。

接下来，笔者就给大家介绍其中的两种运营者可以开展的大赛，它们分别是：
- 开展征稿大赛；
- 开展网络大赛。

### 1. 开展征稿大赛

运营者可以根据自己的公众号类型，在自己的平台上开展征稿大赛，这种做法可以是为自己的平台要推送的文章进行征稿，也可以是为自己平台的出版物进行的征稿活动。采用征稿大赛吸粉引流，可以借助设置一定的奖品来提高粉丝的参与度。

以微信公众平台"手机摄影构图大全"为例，该平台根据其自身的优势，在自己的平台上开展了一个"照片征稿"活动，如图14-14所示，这是该公众平台对这次举办的活动的相关介绍。

### 2. 开展网络大赛

开展网络大赛是指运营者在自己的微信公众号上举办一个网络比赛活动。活动的类型可以是多样的，比赛主办方会根据活动的情况设置一定的奖品，参赛者要在公众平台或者其他的网络上报名，由网友提供投票，选出最终的获胜者。整个比赛活动的过程可以采用晋级制的形式，也可以是一轮定胜负的。

如图14-15所示，这是某微信公众号承办的一场名为"公益福彩杯"网络摄影大赛活动的部分相关信息。

图14-14 公众平台开展征稿大赛活动的案例　　图14-15 公众号开展网络大赛吸粉引流的案例

# 第 15 章

## 留存：促活用户实现平台长远发展

**学前提示**

新媒体运营者在进行宣传推广后，吸引了一部分粉丝，但是因为自己不懂得运营技巧而留不住粉丝，或者有些粉丝仅仅关注，之后就变成死粉了。

这样的情况非常不利于平台的发展，运营者应该怎么做呢？本章将从粉丝的留存、促活以及客服服务3个方面详细介绍用户的留存与促活技巧。

**要点展示**

- ▶ 提升用户留存率，降低运营成本
- ▶ 多种方式提升用户的活跃度
- ▶ 通过客服提升关注度和成交量

## 15.1 提升用户留存率，降低运营成本

新媒体的宣传推广固然重要，但是必要的用户留存技巧也是不可缺少的。部分新媒体平台可能因其宣传推广吸引了一定的用户，但是却因为未掌握用户留存技巧而无法留住用户，这十分不利于平台发展。下面将介绍一些实用的用户留存技巧。

### 15.1.1 产品质量决定购物体验

质量是产品价值的重要体现，每个顾客都希望自己买到的产品是质量过关的。正是因为在购物之前对产品的质量就有了一定的预期，所以，顾客会结合实际和预期给产品做出评价。而此时产品的质量从一定程度上来说就直接决定了用户的购物体验。

大家在查看顾客评价时，经常会发现：明明是同一商家的同一批产品，却会出现截然不同的评价。图15-1所示为"京东购物"中顾客对玛丽黛佳彩妆给出的评价。

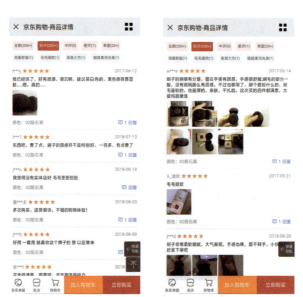

图15-1 顾客对玛丽黛佳彩妆给出的评价

从图15-1不难看出，虽然是对同一商家的同一款商品做出的评价，但是，顾客的评价却呈现出明显的两极化。如果仔细查看的话，就会发现，顾客给好评是因为"质量好"，给差评的原因则恰好相反。

而这些评论正好是顾客对产品质量的形容。换句话来说，顾客的购物体验是基于产品质量的。其实，即便是在其他外在条件都挑不出毛病的情况下，只要产品的质量出了问题，都不可能让顾客留下好的购物体验。因此，在新媒体平台的运营过程中，运营者一定要把好质量关。

需要说明的是，产品质量是顾客留存的关键，一旦在顾客心中出现质量不好的印象，很可能会直接造成销量的剧烈下降。所以，当顾客对质量有疑虑时，运营者一定要利用各种社交方式进行沟通，让产品在顾客心中留下口碑。

## 15.1.2 从用户需求出发解决问题

在笔者看来，有针对性地解决用户的痛点需求，可从两个方面来进行，即从用户的需求出发解决问题和专攻一点解决用户痛点问题，下面将进行具体分析。

### 1. 了解用户需求

在运营者更清楚地了解用户需求的情况下，有针对性地解决用户提出的关于平台的不同问题，对于留住用户、减少用户的流失率有很大的作用，如图15-2所示。

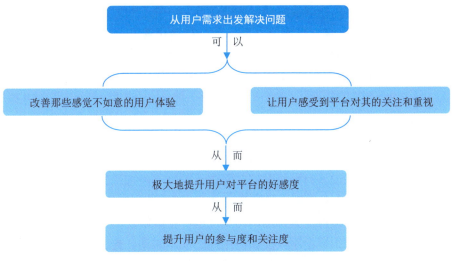

图15-2　针对性解决用户问题分析

### 2. 专攻一点解决问题

古语有云："兵在精而不在多"。其实，不仅在军事领域如此，它同样适用于互联网时代的运营工作。任何平台的运营者，假如追求的是全面，那无非是可以吸引很多用户的，但是这是需要耗费巨大的人力、财力的，且在追求全面的过程中，可能一不留心，就会出现知识性方面的错误，让用户产生不信任的心理，往往得不偿失。

因此，对于运营工作来说，我们选择的方向不是全面而是专攻一点，试图在某一点上做到极致，从某一极致的点上针对特定用户人群，解决他们的痛点需求，那么，这些有着明确指向的用户人群将会成为你平台的忠实粉丝。

基于此，运营者想更有效地留住更多用户，就需要在平台功能或内容上设置得简单一些，专门从某一角度有针对性地解决用户痛点问题，不失为一种好的运营技巧。

### 15.1.3 设置奖励机制，推动运营发展

在运营过程中，用户留存的关键就在于让用户认准该新媒体账号，不愿意离开。基于此，奖励机制的设置就是一个很好的契机，且很容易在社交推广中形成雪球效应，推动运营发展。奖励的形式有很多种，下面将举例进行介绍。

#### 1. 积分奖励

在奖励机制模式中，积分类的奖励可以说是最为常见的。这种模式在目前互联网环境下比较流行，能够很好地增加普通用户，并不断地培养出核心用户。比如，用户进入"i麦当劳"小程序之后，便可在首页看到"积分商城"按钮，而在该小程序中，用户利用积分可以兑换一定价值的商品，如图15-3所示。

除了在新媒体平台推行积分奖励外，运营者还可以通过打电话、发信息等社交方式，让顾客知道正在进行的活动。从而让顾客一传十，十传百，自行向周围人宣传。

#### 2. 任务奖励

之所以越来越多的运营者将任务奖励模式作为一种重要的营销手段，就是因为它对潜在消费者来说是有利可图的，而对新媒体平台来说又是可以直接增加人气的。这一奖励模式十分简单：运营者提供一个任务（通常需要与社交相结合），如下载、转发、分享和评论等，用户将其完成，就能够获得优惠、返现和积分等奖励，而在此过程中，平台不仅能获得用户的使用时间，更能通过用户的社交圈获得更多新用户。

国内采用任务奖励模式并成功获得大量用户的App软件有很多，比如，"京东"App中有"有奖活动"专栏，其中有多种获奖方式，图15-4所示为参与投稿即有机会获得奖励。用户打开App后，点击屏幕下方"购物圈"按钮，即可在页面中看到该专栏，按要求参与即可拿到奖励。

### 3. 签到奖励

签到的模式极其简单，所以在 App 中被广泛使用，也是目前使用比较频繁的一种与用户互动的营销模式。尤其是进入移动网络时代，位置成为连接每一次移动的节点，位置即生活。

纵观各应用中的签到形式，大多数仍为传统的在登录应用之后进行签到。但是这种签到形式起到的作用其实是比较有限的，运营者可以适当对签到形式进行创新，赋予签到社交价值。比如，基于人好面子的天性设置的"签到排行榜"，增加签到的趣味性和竞争性。微信朋友圈里流行的拼步数，许多用户为了排名更靠前，使出浑身解数拼命地走路，每天能走到两三万步甚至更多，这就是利用了用户的心理竞争来推动了软件的发展。

图 15-3　通过积分获取优惠券

图 15-4　参与投稿即有机会获得奖励

## 15.1.4　优质内容运营，增强品牌黏性

品牌黏性的增强重点在于优质内容的运营。当新媒体平台能够为用户提供优质内容时，用户会主动向周围人宣传，这样一来，用户的社交圈便能为运营者所用了。

通过内容形成的品牌效应去增强新媒体平台的用户黏性需要一个过程，运营者在此过程中，不仅要不断创新和完善自己的产品内容，还应通过社交营销使其影响力进一步加大。图 15-5 所示为具体实施步骤。

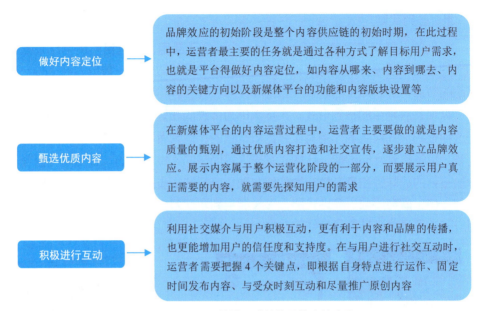

图 15-5　利用品牌增强黏性的具体实施步骤

## 15.1.5　5 个角度沟通，降低运营损失

用户投诉是很多新媒体平台运营过程中遇见的比较头疼的事情，如果没有掌握应有的社交沟通技巧，可能很多时候劳心劳力，还不一定能获得用户的认可。对此，运营者在解决用户投诉时，可以从图 15-6 所示的 5 个角度入手，把投诉所造成的损失降到最低。

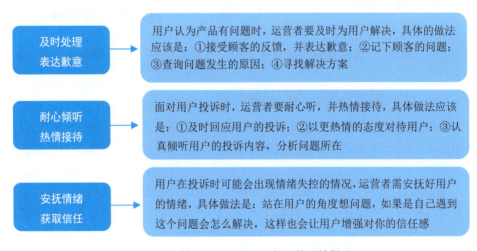

图 15-6　第一时间处理用户投诉的具体做法

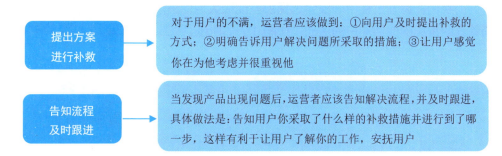

图 15-6　第一时间处理用户投诉的具体做法（续）

### 15.1.6　追踪用户感受，减少不如意体验

数量众多的用户，对于平台的体验也是有着区别的，不可能完全一样。正是这种体验决定了他们对平台账号的观感，也决定了有多少用户愿意继续留在平台上。

而从客观上来说，平台产品是不可能十全十美的，总是存在让用户感觉不如意或欠缺的地方，只有不断减少这种让用户不如意的体验，才能有效地减少用户流失，留住用户。那么，在具体的过程中，面对客观的可能存在的问题和用户主观的不完美体验，运营者要做的就是去跟踪收集用户的体验，从而区分出哪些地方在运营上是做得好的，哪些又是需要改进的，把这些资料和信息收集整理出来，才是解决问题的前提条件。

## 15.2　多种方式提升用户的活跃度

相信运营者在运营过程中已经注意到了，每次推送图文信息的阅读量一般最多只是用户数的 10% 左右，其他没有阅读内容的用户，有些是对此次信息不感兴趣，更多的还是用户仅仅只是在最初的关注之后就再没有后续工作了，对于这些用户，运营者应该怎么做呢？本章就从 5 个方面来具体介绍怎样让用户活跃起来的。

### 15.2.1　5 种活动方式快速促活

想要让用户活跃起来，利用活动是一种比较有效的方式。说到活动，大多数人脑海里就会出现诸多与之相关的词汇，一般说来，只要是活动，就在促进用户活跃上有一定的影响，只是这种影响有大有小。

而我们在运营过程中一般会选择那些能极大地促进活跃用户的方法，在此，简单介绍常见的促活用户的活动，如图15-7所示。

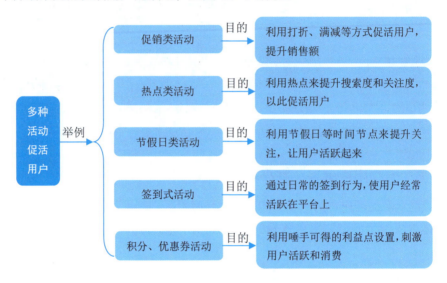

图15-7　多种活动促活用户介绍

### 15.2.2　制订物质激励机制巧妙促活

除了活动外，企业和商家制订用户激励机制也是一种必要的促活用户的技巧，一般包括物质、精神等方法，在此介绍利用物质激励机制促活用户的方法。

这里的"物质"既可以是实体的物质，也可以是虚拟的物质，利用不同形式的物质进行用户促活，是众多企业和商家选择的方式，具体分析如图15-8所示。

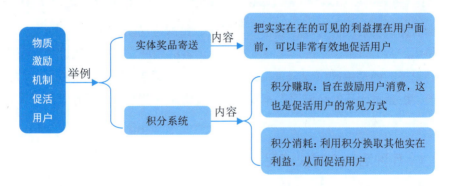

图15-8　物质激励机制促活用户分析

### 15.2.3　低成本的精神奖励促活

相较于物质激励机制促活用户而言，精神激励机制所耗费的成本明显更少，它更多的是从满足用户的心理需求出发，用能代表人自豪、荣誉的方式来激励用户和促活用户。相较于物质激励来说，其影响明显更持久。

就如人们常说的勋章，一般说来，在现实生活中，只有做出巨大贡献和成就的人才能获得，其所代表的是荣誉和地位，人人都想要获得勋章，这在现实生活中是不能完全实现的。基于这一点，一些平台以颁发虚拟的勋章来激励用户关注，并让其积极活跃在平台上。

又如，无论是排行榜还是特权，都是用户积极活跃在用户上并持续有着某种活跃行为才拥有的，是从精神上激励用户的两种主要方式，具体分析如下：

（1）假如用户根本不去关注平台，对平台建设没有任何助力，那么其在排行榜上的位置必然是靠后的，自然也丧失了"特权"，因此，他们急于表现，经常关注平台和参与平台活动。

（2）而对于那些在排行榜上靠前和拥有了特权的用户而言，使他们拥有优越感，就会更频繁地活跃在平台上。

### 15.2.4　直接信息通知活跃用户关系

运营者和平台每天推送信息，用户每天接收信息，看起来平台与用户之间很活跃。其实不然，这种信息的推送和接收，用来考查活跃度是没有任何依据的，因为平台与用户个体之间是没有一对一直接接触的，长此以往必然使得用户与平台之间关系漠然。

而要改变这种状态，可以采用更直接的信息通知方式来活跃用户与平台之间的关系。具体说来，利用信息通知的方式促活用户，主要包括短信、服务通知、电子邮件和弹窗等形式，下面进行相关介绍。

#### 1．短信、Push（服务通知）

无论是短信还是Push，都是信息，因而在实现用户促活上有着共同点。首先，它们都有着比较高的送达率和打开率，这一点对用户促活非常重要，也是运营者选择这一渠道促活用户的主要原因所在。

但是要注意的是，在考虑其优点的同时也不要忘了其缺点。这一类的用户促活方式，一方面，它内容比较单一，大多是以文字为主的文案形式，有时包含链接，在内容的新颖和吸引力方面明显有所不及；另一方面，这种方式用得多了，容易让用户反感，一不小心就有可能被拉黑或屏蔽。

可见，用短信、Push促活用户，犹如一把双刃剑，只有把握好度，才能产生效果；否则，将会适得其反，让用户讨厌的同时也破坏了前期已有的运营成果。那么，怎样才能让这把双刃剑向好的一面发展呢？一般说来，应该从以下几个方面着手，如图15-9所示。

图15-9 提高短信、Push促活用户效率的方法

### 2．电子邮件信息

与短信、Push促活用户相比，发送电子邮件来促活用户的优势主要表现在其内容类型的多样性上，除了短信、Push方式常见的文字和链接外，还可以包含图片、视频等内容。当然，任何事物都有两面性，用电子邮件促活用户也是如此，它的劣势主要表现在电子邮箱的使用率较低和容易被屏蔽两个方面。

运营者如果想要利用电子邮件更好地完成用户促活的任务，那么就需要在两个方面加以努力，具体内容如下：

- 标题方面：需要撰写一个非常吸睛的标题，这样用户才会愿意打开，才有接受召回的可能；
- 规范方面：应该确立一定的规范，从而让其符合发垃圾邮件联盟的规范，这样才能不被屏蔽。

### 3．弹窗信息

弹窗是一种自动弹出的广告窗口，旨在获取流量和提升人气。虽然，弹窗可能会对用户浏览网页和平台内容造成困扰，但是运营者如果能合理运用它来传达信息，也不失为一种不错的信息通知方式。特别是那些包含福利的弹窗，在促活用户方面是有着奇效的。

图15-10所示为"京东"App平台上的弹窗信息，显示了用户能获得的福

利信息。平台推出这样的优惠信息，会有很多用户关注，假如他们确实有需要的话，在各种情况的权衡下，是极有可能选择通过该平台来消费的，这样用户就会马上活跃起来。

这些方式都能达到更加醒目、直接的方式来传达信息的要求，从而可以增加与用户之间的联系，活跃用户。

### 15.2.5 福利差异提升用户活跃度

现在，很多企业和商家在运营平台上，都设置了用户的成长等级，这一设置的作用，除了有利于用户管理、给用户提供更贴心的服务外，还是促活用户的有效措施。

图 15-10 "京东" App 弹窗

对用户来说，其成长等级越高，代表用户可享受的特权也就越多，因而用户都是希望自己的等级越来越高的，而为了提升自身等级，用户一般需要有更多贡献值，而更多贡献值的来源是包括多个方面和多种形式的，而不论哪一个方面和哪一种形式，首先都需要用户活跃在平台上，而其贡献值是其活跃程度的表现。

例如，在"支付宝"App 中，有关于用户的蚂蚁会员等级的相关权益介绍页面和等级的设定，如图 15-11 所示。

图 15-11 蚂蚁会员等级的权益介绍页面

从图 15-11 中可以看出，成为黄金会员后，便拥有了诸多福利，且等级越往上升福利越丰厚。那么用户为了提升自己的等级、享受更多的福利和方便购物，会毫不犹豫地选择在平台上活跃起来。可见，在新媒体平台的用户运营中，设置合理的、合适的用户成长等级和可享受的特权，也是有利于用户促活的。

既然提及了用户的成长等级与可享受的特权，那就不能不说到用户等级福利的设置与用户促活之间的关系。

人们常说平等，然而把"平等"这一概念放在用户运营中，其意义发生了一定的变化，这里的平等指的是所有的用户都有权利获得更高用户成长等级，所有用户完成成长等级上升的标准是一样的，而不是说所有用户（这里包括不同等级的全体用户）可享受的权利是一样的、平等的。不同等级之间的用户可享受的福利存在差异，所谓"多劳多得"就是如此。

用户等级福利的设置为用户活跃提供了一个成长的目标和理由，因为他们知道，只有付出更多的贡献值，才能提升等级，并享受相应的等级福利。假如在用户运营中，所有的用户等级可享受的福利是一样的，那么，用户那么努力地完成等级成长、积极在平台上活动又是为了什么呢？难道纯粹是为了那一个好听的虚荣的等级名称吗？笔者认为，可能在一些用户看来，等级名称是很重要的，然而他们更加看重的还是等级成长之后的福利。

## 15.3　通过客服提升关注度和成交量

顾客对于产品的评价，更像是对产品以及店铺贴的一种标签。所以，许多客服人员都将提高产品的好评率作为工作的一个重点。

本节笔者将通过获得如潮好评的 5 条途径的展示，助力各位客服人员打造产品的口碑，将产品的成交率再往上推一把。

### 15.3.1　客服人员要保持热情主动

虽然客服人员每天要面对大量顾客，在工作中热情会慢慢消减，态度也会渐渐地由主动转为被动。但是，因为职业的服务性质，客服人员仍需尽可能地让顾客感受到你的热情和主动。

这既是客服人员职业素质的要求，也是提高产品好评率的一种重要手段。毕竟，人都是有感情的，当客服人员热情主动地与顾客沟通时，双方的心理距离无形之中就被拉近了，而基于对客服人员的好感，顾客自然也更容易给出好评。当然，热情主动地与顾客沟通还需做到如下两点。

### 1. 学会主动引导

虽然客服人员在与顾客沟通的过程中,有一重要身份是产品推销员,为了"避嫌",可以减少主动推销产品的频率,但是,沟通毕竟是需要双方共同来完成的活动,客服人员如果显得过于被动那也是不合适的。

所以,在与顾客沟通的过程中,客服人员还是需要适时对顾客进行主动地引导,这既是提高工作效率的需要,也有利于让顾客更快地找到相对合适的产品,获得顾客的好感。

### 2. 多用热情表达

顾客的心情是影响其评价的重要因素之一,如果顾客高兴了,自然也就更容易获得好评。而要让顾客高兴,方法是多种多样的,但有一样是必不可少的,那就是客服人员热情的沟通。

虽然前面也提到了,客服人员要时时保持热情几乎是不可能的,但是,即便客服人员本身没有多大的热情,仍有方法让顾客认为你是有热情的。比如,客服人员可以在沟通时多用一些表情和能够表达热情的词。这样一来,在顾客看来,沟通将变得更有人情味,而顾客对客服人员的好感也能显著提高。

> **专家提醒**
>
> 服务行业大多信奉这样一句话:"顾客就是上帝"。诚然,这种说法过分地夸大服务提供者与顾客之间地位的差距,总体看来是有失偏颇的。但是,不可否认的一点是,作为服务提供者,顾客的感受是必须要重视的。

客服人员也是如此,在与顾客沟通的过程中,客服人员不说让顾客感到愉悦,但是,至少不能因为工作不到位,让顾客产生反感。所以,热情主动地沟通是客服人员的工作要求之一。

所以,抛开是否能获得用户的好感,提高好评率不说。即便是为了尽到自身的职责,客服人员也应该让自己在沟通过程中尽可能地主动和热情一些。

### 15.3.2 揣摩顾客喜好推荐合适产品

网购的一大优点就是商品的种类多,所以,可供顾客选择的商品其实是很多的。只要能达到顾客的基本要求,顾客就会有购买的意愿。但是,如果客服人员想提高产品的好评率,那还得帮顾客选择相对适合的产品。

很多时候，如果顾客能够获得心仪的产品，即便在购物过程中出现了一些小问题，顾客也会看到产品本身比较好的份上给出好评。所以，给顾客更合适的产品就相当于是在为好评增加一份保障。而要给顾客更合适的产品，客服人员在沟通过程中就有必要做好如下两点。

#### 1. 参照顾客要求推荐

大多数顾客在网购时都是带有明确目的的，他们知道自己要买的是什么，并对要买的东西有着自己的要求。而对于客服人员来说，顾客的要求就是推荐产品的一个前提，既然顾客有要求，那就要推荐符合要求的产品。

当然，在沟通的过程中，顾客可能不会主动说出自己的要求。对此，客服人员需要知道，只有符合顾客要求的产品，才有可能是顾客认为的适合的产品。所以，客服人员此时需要做的就是通过引导，获得顾客对产品的要求。

#### 2. 根据顾客反应判断

许多人在做决定时，可能会跟着自己的感觉走。顾客在购物时也是如此。因此，有时客服人员给顾客推荐的产品可能是符合顾客要求的，但是，顾客可能会觉得它没有"眼缘"，提不起购买欲望。

所以，在与顾客沟通的过程中客服人员还需要观察顾客的反应，判断推荐的产品是否符合顾客的"口味"。如果顾客表现得没有太大兴趣，客服人员可能就需要重新为顾客物色另一款产品了。

> **专家提醒**
>
> 在客服人员向顾客推荐产品的过程中，如果顾客比较挑剔，客服人员可能会遇到这样的情况：根据顾客的要求接连进行了几次推荐，但是，产品仍不合顾客的"口味"。
>
> 在这种情况下，客服人员既不能放弃推荐，也不宜再盲目地进行推荐，而应该对沟通的内容进行分析，揣摩顾客的喜好。这既是为了让顾客获得更合适的产品，也有利于增加推荐的针对性，提高客服人员的沟通效率。

### 15.3.3 积极沟通打消顾客疑虑

与在实体店购物不同，网购时顾客毕竟是无法亲自验证产品的。这无形之中就让顾客对网购多了一分疑虑。所以，即便顾客主动与客服人员进行沟通，仍会对网购有一些担忧。

对于这种情况，最好的策略就是积极地进行引导，带领顾客完成购物。这不仅可以节约彼此的时间，也能让顾客在接受帮助的过程中，对客服人员产生好感，为顾客购物体验加分。当然，在引导的过程中，客服人员还需要把握好如下两个重点。

#### 1．打消顾客的疑虑

前面也已经提到了，网购因其自身的属性，顾客通常会有一些疑虑。虽然顾客对网购是有担忧的，但是，既然顾客肯与客服人员进行沟通，就说明顾客还是愿意进行网购的。一些初次进行网购的顾客更是如此。

所以，此时客服人员的处理方法将对顾客产生很大的影响。如果客服人员打消了顾客的疑虑，让其对接下来的购物更有信心。顾客放心了之后，自然就愿意进行一次网购。

#### 2．适时给顾客带路

虽然打消了顾客的疑虑之后，顾客对网购可能有了一些信心。但是，对于店铺中的产品，顾客可能并不是足够的了解。即便有了明确的要求，顾客也不一定能找到适合自己需求的产品。

而客服人员对于店铺可能像自己的家一样熟悉，并且，在与顾客沟通的过程中，客服人员实际上是店铺的发言人，让顾客找到合适的产品也是其职责所在。所以，客服人员还需引导顾客找到心仪的产品。

### 15.3.4　尽量满足顾客的合理要求

在工作过程中，客服人员可能会遇到这样一类顾客。他们想要购买某件产品，但是，却要附加一些要求，只有客服人员答应了要求，才松口下单。对于这一类顾客客服人员应该尽可能地满足其合理需求。毕竟，让顾客购买产品时获得好评的前提。

当然，顾客的要求很可能会对店铺造成一定的损失，考虑到店铺的利益，客服人员也不能满足顾客的所有要求。在此过程中，客服人员需要做的就是用较小的代价，让顾客的要求得到满足。所以，客服人员重点需要做好如下两项工作。

#### 1．判断要求是否合理

在进行网购时，店铺肯定是要赚钱的，正是因为如此，顾客提出一些要求，尽可能地让购物更划得来一些，这是可以理解的。但是，要求也分合理和无理。

所以，在满足要求之前，客服人员还需在心中盘算顾客的要求是否合理。

对于合理的要求，答应了还能获得一笔生意，这样自然是可以接受的。但是，如果要求本身就是不合理的，甚至是有些无理取闹的，那么，客服人员就没有必要再去迎合了。

### 2．尽可能地控制损失

很多时候，顾客是从维护自身利益的角度提出要求的，而这就意味着，其要求很可能会对店铺造成损失。但是，如果不答应顾客的要求，顾客可能不会下单，也就不用说好评了。

所以，当顾客的要求合理时，客服人员还需在控制店铺损失的基础上满足顾客的要求。在此过程中，客服人员可以在顾客提出要求之后，与顾客进行"讲价"，从而达到控制损失的目的。

## 15.3.5　展示诚意赢得顾客信任

在沟通过程中，适时对顾客做出一些许诺，既能起到坚定顾客信心的作用，也能看到客服人员对交易的诚意，让顾客基于好感，给出好评。正是因为如此，许多客服人员都会乐意给顾客做出一些许诺。

当然，许诺也不是不可以，但是，一旦许诺了，就必须兑现。这不仅是客服人员言而有信的体现，更关系到店铺在顾客心中的形象。因此，在做出许诺这件事上，客服人员应该是敢于许诺，并且是及时兑现许诺的。

### 1．敢于许诺

很多时候，可能客服人员做出许诺只是为了引导顾客完成购物或获得顾客的好评，甚至于有的客服人员只是不经意间随口做出一些许诺的。但是，在顾客看来，客服人员的许诺却能起到定心丸的作用。

所以，为了增加顾客的信心，增加沟通的成功率，也为了消除顾客的疑虑，节约彼此的时间，提高客服人员自身的工作效率，客服人员在与顾客沟通时，对于自己能力范围内的事，还是需要敢于承诺的。

### 2．兑现许诺

虽然许诺能在沟通过程中起到不错的促进作用，但是，客服人员需要明白，相比于许诺的内容，兑现许诺其实更重要一些。因为即便许诺的内容再有吸引力，如果没有兑现，那么，许诺也仅仅停留在说说而已。

而且当客服人员许诺之后却没有兑现时，顾客会觉得客服人员是没有信用的，这样一来，顾客势必会对客服人员产生反感，而结果很可能就是迁怒于产品，直接给出差评。所以，许诺固然重要，但是，兑现许诺更重要。

**专家提醒**

在沟通过程中，客服人员其实并不是一定要对顾客做出许诺的。但是，如果许诺了就会让顾客有期待。能够让顾客的期待得到满足，自然能获得"双赢"。而如果许诺了却不能兑现，那么，很可能只会让顾客觉得被忽悠了。因此，当自己做不到时，客服人员千万不要轻易许诺顾客，因为这很有可能是在为自己"挖坑"。

# 第 16 章

## 获利：让用户主动付费的变现方式

**学前提示** 在一些新媒体平台上，很多创作者进驻的初衷是怎样利用自身的创作能力来获得收益，所以这些平台也积极配合创作者的这一要求，提供了多种变现方式，并力求在发展平台的同时让创作者的平台账号更值钱。本章主要介绍新媒体平台进行商业变现的多种方式。

**要点展示**
- ▶ 新媒体变现的 7 种盈利方式
- ▶ 各个新媒体平台的变现案例

## 16.1 新媒体变现的 7 种盈利方式

获得收益是每一个运营者的最终目的,也是运营者劳动付出应该得到的回报,接下来将为大家介绍 7 种变现技巧,帮助大家能够收获自己的成果。

### 16.1.1 运营变现 1:电商合作

电商与新媒体平台的结合有利于吸引庞大的用户流量,特别是在新媒体短视频制作这一方面,短视频适合碎片化的信息接收方式,另一方面短视频展示商品更加直观动感,更有说服力。如果短视频的内容能够与商品很好地融合,那么商品卖家和自媒体人都能获得较多的人气和支持。

著名的自媒体平台"一条"是从短视频发家的,后面它走上了"电商+短视频"的变现道路,盈利颇丰。图 16-1 所示为"一条"的微信公众号,推送的内容包罗万象,不仅有短视频,而且还有关于自营商品的巧妙推荐。

图 16-1 "一条"的微信公众号

### 16.1.2 运营变现 2:平台分成

参与平台任务获取流量分成,这是短视频较为常用的变现模式之一,分成包括很多种,导流到淘宝或者京东卖掉产品的佣金也可以进行分成。平台分成是很多视频网站、短视频平台都适用的变现模式,也是比较传统的。以自媒体渠道今日头条为例,它的收益方式就少不了平台分成,图 16-2 所示为今日头条的收益页面。

图 16-2　今日头条的收益展示

但是，在今日头条渠道并不是一开始就能够获得平台分成，广告收益是其前期主要盈利手段，平台分成要等到账号慢慢成长，壮大才有资格获得。而且如果想要获得平台分成之外的收益，比如粉丝打赏，则需要成功摘取"原创"内容的标签，否则无法获取额外的收益。

### 16.1.3　广告变现 1：流量广告

品牌广告的意思就是以品牌为中心，为品牌和企业量身定做的专属广告。这种广告形式从品牌自身出发，完全是为了表达企业的品牌文化、理念而服务，致力于打造更为自然、生动的广告内容。这样的广告变现更为高效，因此其制作费用相对而言也比较昂贵。

美拍达人 HoneyCC 围绕牛仔裤品牌打造了一则广告，首先是她直接告诉受众她要介绍一条牛仔裤，紧接着几位美拍达人穿着裤子出场，以各种稀奇古怪的姿势和舞蹈吸引眼球，如图 16-3 所示。

图 16-3　HoneyCC 围绕牛仔裤打造的品牌广告

就是凭借这条短小的富有创意的品牌广告，美拍达人 HoneyCC 在几乎没有引流的情况下卖出了三万条牛仔裤，由此可见品牌广告的变现能力是相当高效的，与其他形式的广告方式相比针对性更强，受众的指向性也更加明确。

### 16.1.4　广告变现 2：浮窗 Logo

浮窗 Logo 也是广告变现形式的一种，即视频在播放的过程中悬挂在视频画面角落里的标识，这种形式在电视节目中经常可以见到，近来也开始慢慢用于新媒体平台，以此来进行广告变现。

以开设在爱奇艺视频平台的旅行短片栏目《大旅行家的故事》为例，由于其主人公查理是星途游轮代言人，因此视频节目的右下角也设置了浮窗 Logo，如图 16-4 所示，文字和图标的双重结合，不影响整体视觉效果。

图 16-4　《大旅行家的故事》的浮窗 logo

浮窗 Logo 是广告变现的一种巧妙形式，同样它也是兼具优缺点的，那么具体来说，它的优点和缺点分别是什么呢？笔者将其总结如下，如图 16-5 所示。

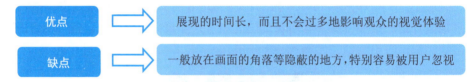

图 16-5　浮窗 Logo 的优点和缺点

**专家提醒**

浮窗 Logo 的优点也是它的缺点，具有两面性，但总体来说，它还是不失为一种有效的变现方式。自媒体人或者网红如果想要通过广告变现获得收益，不妨可以试试这一利弊兼具的模式。

### 16.1.5　广告变现 3：视频广告

广告植入就是把文案内容与广告结合起来，一般有两种形式：一种是硬性植入，不加任何修饰地硬生生地植入文案之中；另一种是创意植入，以短视频为例，将视频内容、情节很好地与广告的理念融合在一起，不露痕迹，让观众不容易察觉。

相比较而言，很多人认为第二种创意植入的方式效果更好，而且接受程度更好，但也有人认为只要有想法、产品质量好，不需要那么多套路。不管是哪一种植入方式，目的都只有一个——变现。因此只要达成了营销的理想效果，不管什么植入方式，都是一样的。从制作上来看，硬性植入和软性植入也有很多的不同，具体体现在如图 16-6 所示的方面。

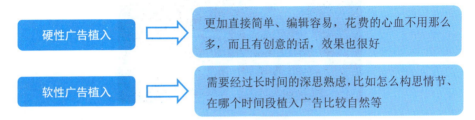

图 16-6　不同广告植入方式的制作要求

以短视频为例，广告植入的方式除了可以从"硬"广告和"软"广告的角度划分，还可以分为台词植入、剧情植入、场景植入等植入方式，下面详细介绍这些方式是怎么运作的。

### 1. 台词植入，简单高效

台词植入的意思是短视频的主人公通过念台词的方法直接传递品牌的信息、特征，让广告成为短视频内容的组成部分，如图 16-7 所示为 papi 酱在短视频中通过台词植入扫地机器人的广告。

图 16-7　papi 酱短视频的台词植入

这样的植入方式不仅直观展示了相关产品的优点、性能，而且还能够有效提升观众对品牌的认同感、好感度等。

### 2. 剧情植入，潜移默化

剧情植入就是将广告悄无声息地与剧情结合起来，比如演员收快递的时候，吃的零食、搬的东西，以及去逛街买的衣服等，都可以植入广告。

如图 16-8 所示，这是演员在剧中为了照顾感冒生病的男主而冲泡药剂，此时镜头给了感冒药一个特写，正是 999 牌感冒灵冲剂的广告植入。

图 16-8　剧情植入

### 3．场景植入，标志性强

场景植入是指在短视频画面中通过一些广告牌、剪贴画、标志性的物体来布置场景，从而吸引观众的注意。如图 16-9 所示，这是自媒体红人大胃王密子君的短视频中出现的场景，视频中多次展示了此家火锅店的名称、牌匾以及熊猫玩偶，是比较成功的场景植入。

图 16-9　场景植入

## 16.1.6　内容变现 1：在线教学

知识付费的变现形式还包括教学课程的收费，一是因为线上授课已经有了成功的经验；二是因为教学课程的内容更加专业，具有精准的指向和较强的知识属性。很多平台就已经形成了较为成熟的视频付费模式，比如沪江网校、网易云课堂、腾讯课堂等。图 16-10 所示为沪江网校的官网首页。

图 16-10 沪江网校的官网首页

知识付费的变现形式同样可以运用在短视频上，虽然因为时间限制了内容的展示，让付费难以成功实施。但创作者可以运用打开脑洞、寻求合作的方式，使知识变现得以实现。比如哔哩哔哩平台上的 up 主（上传者）"薛定饿了么"投放的视频内容风格就别具一格，主要内容为一系列科普知识，表达方式符合年轻一代的认知思维，如图 16-11 所示，从而吸引粉丝为其投币打赏获得变现。

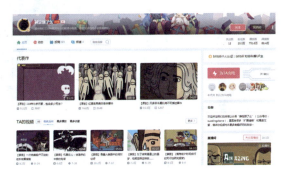

图 16-11 "薛定饿了么"在哔哩哔哩平台上的投稿展示

## 16.1.7 内容变现 2：点赞打赏

随着变现方式的不断拓展深化，很多平台开启了直播的功能，为已经拥有较高人气的 IP 提供变现的新途径，可以通过粉丝在直播中与主播互动送礼物的方式来获得商业变现。以著名的"快手"短视频平台为例，笔者来介绍如何通过标签化的 IP 成功变现，具体的步骤如下所示。

**步骤 01** 进入如图 16-12 所示的主页，点击页面上方的"同城"按钮，来到如图 16-13 所示的页面，可以看到很多动态的左上角有"LIVE"的按钮，就是直播的入口。

图 16-12　快手 App 主页　　　　图 16-13　快手 App 的"同城"页面

**步骤 02**　点击进入如图 16-14 所示的直播页面，❶点击页面右下方的礼物图标，然后会出现如图 16-15 所示的礼物页面；❷点击具体的礼物，如"666"按钮；❸再点击"发送"按钮。

图 16-14　直播的主页　　　　　　图 16-15　发送礼物

**步骤 03**　执行上述操作后，页面会弹出如图 16-16 所示的文本框，点击"1元特惠"按钮，接着会出现如图 16-17 所示的充值页面，按照要求充值相应的金额即可。

图 16-16　点击"1 元特惠"按钮　　　图 16-17　充值快币页面

> **专家提醒**
>
> 新媒体平台开启直播入口是为了让已经形成自己风格的IP能够高效变现,这也算是一种对新媒体变现模式的补充,因为用户对具有重要影响力的新媒体达人形成了高度的信任感和依赖感,因此也会更愿意送礼物给他们,从而实现流量IP的商业变现。

## 16.2 各个新媒体平台的变现案例

对于运营者来说,粉丝数量越多,越利于变现。因此本节,笔者将为大家介绍7种可以通过运营引流进行变现的新媒体平台,并逐一了解其变现模式和方法。

### 16.2.1 百家号:广告分成+原生广告+赞赏

百家号于2016年9月28日全面对外开放,是百度公司全力打造的创作平台,内容生产者可在此平台上发布内容、通过内容变现、管理粉丝等。百家号支持图片、文字、视频等内容发布形式,同时还将在未来提供更多的内容发布形式,比如动图、直播、H5等。

那么,百家号究竟是怎么获取收益的呢?总体来说,此平台的收益主要来自于三大渠道,具体如图16-18所示。

图 16-18 百家号的收益来源

> **专家提醒**
>
> 这三种收益方式相比较而言,广告分成和粉丝赞赏是比较简单的,只要发布了内容基本就可以获取,而原生广告则较为复杂一些,需要内容拥有较高的质量才能成功变现。此外,百家号已经开始对分成收益进行测试了,意思就是会对内容创作者发布的内容展开调查和测评。

### 16.2.2 今日头条：典型而多样的盈利方式

今日头条是一款基于用户数据行为的推荐引擎产品，同时也是内容发布和变现的一个大好平台，它可以为用户提供较为精准的信息内容，集结了海量的资讯，主要内容不仅包括狭义的新闻，而且还涵盖了音乐、电影、游戏、购物等，既有图文，也有视频。

作为资深的自媒体渠道，今日头条的收益来源是比较典型的，同时形式也比较多。图 16-19 所示为今日头条的收益分析页面。

图 16-19　头条号的收益分析页面

总体来说，今日头条的收益方式主要有 6 种，其具体内容如图 16-20 所示。

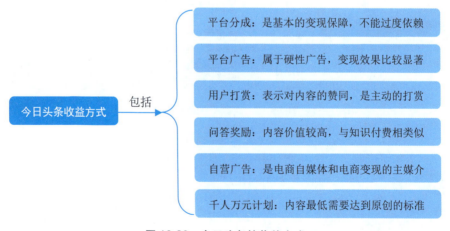

图 16-20　今日头条的收益方式

**专家提醒**

图 16-20 中提到的"千人万元计划"指的是今日头条平台将在一年之内保证不低于 1000 个头条号创作者，在每个月内至少要获得 1 万元的收入。显而易见，如果想要达成这个计划，就必须要对发布的内容进行精打细磨，最好是拥有自己的创新点。

### 16.2.3 一点资讯：图文获利的"点金计划"

一点资讯是一款基于兴趣推荐的平台，主要特色为搜索与兴趣结合、个性化推荐、用户兴趣定位精准等。

一点资讯平台的收益方式主要是平台分成，不过后面平台又推出了主要针对图文自媒体的"点金计划"，如图 16-21 所示。如果短视频创作者想要在此渠道获取收益，是需要向平台方提出申请的，申请通过后才可以开始获利。

图 16-21 一点资讯的"点金计划"

**专家提醒**

"点金计划"的申请要求比较严格，审核不是很容易通过，具体的条件包括内容比较垂直、综合质量高，账号在 3 个月内没有违禁、投诉记录，基础数据、核心数据达到标准，比如发布文章的数据、原创内容的数据等。综合数据是随着内容质量的提升而不断上涨的，只有内容优质，才有可能通过审核。

### 16.2.4 网易号：持续输出文章提高账号星级

网易号是由网易订阅发展演变而来的，它是自媒体内容的发布平台，同时也是打造品牌的帮手。图16-22所示为网易号的登录页面。它的特色在于高效分发、极力保护原创、现金补贴等,而且它还带头推出了自媒体的直播功能。

图16-22　网易号的登录页面

网易号的主要收益来自于平台分成,不过网易媒体开放平台的分成方法与其他平台有所区别,主要是以星级制度为准,具体方法如图16-23所示。

图16-23　星级制度的细则

而对于平台分成的话,网易号至少要达到3星级以上才能获取平台分成,而且星级的不同还会影响功能的提供,如图16-24所示为网易号的星级功能展示。

图16-24　网易号的星级功能展示

## 16.2.5 大鱼号：打通土豆、优酷和 UC 后台

作为近来比较火热的在线视频渠道，大鱼号的显著优势主要体现在打通了优酷、土豆以及 UC 三大平台的后台，同时在大鱼号的登录页面也有优酷和土豆的品牌标识，如图 16-25 所示。

图 16-25　大鱼号的登录首页

那么，大鱼号的收益方式主要包括哪几种呢？主要分为三种，一是大鱼奖金，二是广告分成，三是大鱼独家激励。

"大鱼奖金"在原有"大鱼图文奖金、大鱼短视频奖金"、"大鱼图文短视频双料奖金"的基础上，新增"大鱼潜力奖金"，扶持激励具备优质原创能力的创作者。

"广告分成"是大鱼号平台对创作者的基础商业赋能，当创作者的内容运营能力达到平台一定要求时即可获取广告分成权益。

"大鱼独家激励"是大鱼号平台与优秀原创作者的高阶合作模式，创作者如果承诺独家供应符合平台要求的优质原创内容到大鱼号平台，即可开展本项合作。旨在鼓励优秀创作者与平台携手，持续生产有营养的图文及短视频优质原创作品，让 UC、优酷、土豆用户有更好的内容消费体验。

## 16.2.6　腾讯视频：平台分成根据内容领域而定

腾讯视频是中国领先的在线视频平台，为广大用户提供了较为丰富的内容和良好的使用体验，其内容包罗万象，比如热门影视、体育赛事、新闻时事、综艺娱乐等。图 16-26 所示为腾讯视频的首页。

那么，腾讯视频的主要收益来源是什么呢？平台分成。但是需要注意的是，如果想要获取平台分成的话，需要满足如图 16-27 所示的几项条件。

图 16-26 腾讯视频的首页

图 16-27 获取平台分成需要满足的条件
- 发布视频必须是原创
- 总播放量要达到 10 万
- 起码推出 5 条原创视频

## 16.2.7 哔哩哔哩：垂直领域的粉丝投币打赏

哔哩哔哩又称"B 站"，是年轻人喜欢聚集的潮流文化娱乐社区，同时也是网络热词的发源地之一。目前哔哩哔哩的每日视频播放量已经突破一亿，用户以年轻人为主，24 岁以下的用户占到了 75%，平均年龄才 17 岁。由此可见，哔哩哔哩是一个比较年轻态、活跃化的在线视频平台。图 16-28 所示为哔哩哔哩的官网首页。

对于 B 站而言，其主要受益来自于粉丝打赏，因为它本身的内容很垂直，吸引的粉丝大部分也是具有相似的兴趣爱好的，B 站不仅是一个在线视频平台，而且也是聚集粉丝的社区。因此，粉丝资源对于平台的作用是至关重要的，对于创作者而言也是内容变现的重要支撑。图 16-29 所示为哔哩哔哩视频的打赏页面，通常是采用投币的方式进行赞助打赏。

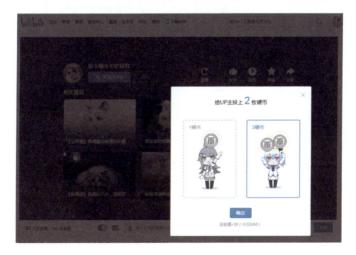

图 16-28　哔哩哔哩的官网首页

图 16-29　哔哩哔哩的视频打赏页面